U0796830

金融知识普及版

汇率保卫战

最顶级的金融战

殷靖◎著

时事出版社

图书在版编目（CIP）数据

汇率保卫战：最顶级的金融战 / 殷靖著 .—北京：时事出版社，2017.2

ISBN 978-7-80232-946-1

Ⅰ . ①汇…　Ⅱ . ①殷…　Ⅲ . ①汇率－研究－中国
Ⅳ . ① F822.1

中国版本图书馆 CIP 数据核字（2015）第 320402 号

出 版 发 行：时事出版社
地　　　址：北京市海淀区万寿寺甲 2 号
邮　　　编：100081
发 行 热 线：（010）88547590　88547591
读者服务部：（010）88547595
传　　　真：（010）88547592
电 子 邮 箱：shishichubanshe@sina.com
网　　　址：www.shishishe.com
印　　　刷：北京建泰印刷有限公司

开本：670 × 960　1/16　印张：18　字数：212 千字
2017 年 2 月第 1 版　2017 年 2 月第 1 次印刷
定价：33.00 元
（如有印装质量问题，请与本社发行部联系调换）

前言

PREFACE

钱对于每个人来说，都是需要的，但人都会用钱吗？要知道，在当今经济高速发展的社会，有什么样的钱是最需要考虑的问题。“钱”有对了，那就是钱；“钱”有错了，那就是一堆废纸。而有什么样的钱，会由此引发一个值得关注的问题——汇率。

汇率是什么？很简单，就是不同国家交换货币时的比值，也就是根据货币购买力不同而确定的币值大小。最开始，汇率的确定是根据掌握的资源决定的，如甲国资源产品丰富，而乙国穷得什么都没有，如果乙国需要甲国的资源产品，就需要用更多的产品来换取甲国的钞票以购买甲国的资源产品，否则，甲国就不会出卖资源产品给乙国，这种不对等的交换是天经地义的。但这种不对等的关系并不是一成不变的，而是可以转换的，如乙国本来需要甲国的石油，但后来乙国在本国内发现了大油田，那么乙国对石油产品的需求就会减少，相对应的就是乙国的货币会升值，购买甲国的资源产品的数量就会更多一些。这就是汇率。

对于汇率变化，中国有着切身的体会。改革开放初期，中国因为缺乏技术，许多工业产品都不能生产，只能花钱去买，而中国的产品在国外市场上并不走俏，所以人民币在国际市场上并不值钱，要想购买自己所需要的先进技术和产品，只能依靠硬通货——黄金或者外汇，而外汇兑人民币的比值就是中国人最早接触的汇率，而那时人民币相对于国外货币的比值是非常低的。

随着改革开放的深入，中国的工业技术水平开始提升，中国能生产的工业产品越来越多，不再需要很多外汇去购买国外的产品，相反，国外的人可以拿着人民币在中国购买更多心仪的、便宜的商品，这就表明人民币更值钱了。于是，人民币就会升值，而对应的外汇——美元、英镑等货币就会对人民币贬值。这样，问题就来了，人民币是升值好，还是贬值好呢？

作为一个发展中国家，中国依然需要通过出口来积累财富以及拥有外汇来购买更需要的产品。因此，人民币汇率问题在一定程度上就对经济的发展起着决定作用。

比如，中国客车厂出口一批高档客车给美国，美国人愿意出100万美元购买，如果超过100万美元，美国就会选择其他有着更高级客车的卖家或者干脆自己造。此时，中国的客车厂在决定是否出口到美国时不仅要考虑生产成本，还要考虑汇率。如果中国客车的生产成本是600万元人民币，那么决定能不能和美国人做成这笔生意的关键，就是这100万美元拿回国内可以换成多少人民币。

中国是一个外汇管制的国家，客车厂拿到这100万美元之后，必须按照国家相关规定到银行去兑换人民币。如果按照1美元兑换6.8元人民币，则这笔生意做成后就可以赚80万元人民币，对客车厂来说就是一笔大赚的生意；假如国家规定1美元只能兑换5元人民币，那么客车厂做了这笔生意就要亏损100万元人民币。

通过这个例子可以知道，如果人民币兑美元的汇率越低，对于出口厂家来说，就越有利可图。但对进口来说，则相反。

但汇率是把双刃剑，各个国家为了经济发展需求，都会对汇率提出有利于自己的要求。因此，汇率冲突很容易引发货币战争，如果把握不好，汇率战争所造成的破坏不亚于真正的战争所造成的破坏。

目录 CONTENTS

第三章　人民币的贬值与升值

第四章　汇率战争与外汇理财

第一章
和汇率有关的几个知识

一、外汇与汇率——两国贸易引出来的话题

我们都知道，在商品经济还没有出现的时候，人们需要某种自己没有的生活必需品时，只能采取物与物交换的方式来获得。也就是大家拿出自己多余的东西进行交换，各取所需，通过这样的方式来弥补自己在物质上的欠缺。这种交换方式非常简单，在当时经济文化落后的状况下，非常盛行，即使在现在，一些远离文明的部落依然采用这种物品交换的方式。那时的交换，严格上说就是以物换物，讲的是各自喜好，满意就行，至于算计成本之类、交易是否公平，则没有什么人去考虑。

随着社会的发展，物与物的交换方式已经难以满足人们之间的需要了，因此，货币就出现了，并日益成为商品生活中的主宰。从中国的货币发展历史来看，最先充当货币的是贝壳，然后是金属铸币。再到后来，贵金属，也就是金银逐渐担当起货币的角色。尤其在明清时期，中国的商品在世界范围内都是抢手货，世界各地的金银都流向中国，中国的流通货币就以金银为主了。

“金银天生不是货币，但货币天生是金银”，这是马克思经济学

当中的一句名言，但随着商品经济的进一步发展，金银这两种贵金属因数量不足，已经难以满足商品流通中的需要了。因此，纸币就出现了。而要纸币得到社会的承认，是需要与金银挂钩的，也就是说，纸币只是金银的一种替代品。

随着“地理大发现”和工业革命的兴起，资本主义以一种野蛮的行为在全世界进行势力扩张，拥有大量剩余产品的资本家们，开始想着突破国内狭小的市场，在更广阔的世界市场上销售产品。在这种背景下，殖民主义开始无孔不入地在世界范围内蔓延，严重不对等的国际贸易如同吸血鬼一样，在亚非拉等广大土地上肆意施虐，榨干了这些土地上的养分。

不管殖民地和宗主国的关系如何，既然存在着国际贸易，而且这种贸易已经不是简单的物与物交换，那么在国与国之间的商品交易就必须通过公认的货币来进行支付。在不同的国家、不同的民族，货币的种类是非常多的，而且支付的手段也是五花八门。为了减少因货币支付带来的麻烦，宗主国就规定了国际支付必须以一种货币为主，按照一定的汇率进行交易。实际上，外汇就是一种以外币或通用币进行国家贸易结算的支付手段，而汇率则是两种不同货币之间的折算比价。

在纸币出现之前，以金银为流通货币的国家之间，贸易支付方式比较简单，直接用金币或银币支付就可以了，汇率按两国货币的含金或含银量来计算。

金铸币本位制盛行的时代是19世纪末期和20世纪初期。那时，世界各国的流通货币就是金币，只要拥有足够数量的黄金，就可以自由铸造金币，而商人为了贸易，也可以把金币自由带出国境，而纸币的价值也是直接与黄金挂钩的。

经济学上常常提到的“铸币平价”，实际上就是进行交易的两种货币之间的含金量的比率。通常，在金本位制下，一国铸币的价值是由其固有的含金量所决定的。我们可以拿英镑来做说明，假设 1 英镑铸币的重量为 123.27447 格令（1 格令 =0.065 克），成色为 0.91667；1 美元铸币的重量为 25.8 格令，成色为 0.9。那么，根据这些数据，我们很容易就可以推算出英镑与美元的汇率：英镑的含金量 / 美元的含金量 =（123.27447×0.91667）/（25.8×0.9）=4.8665。

由此可见，汇率也可以看作是汇价或外汇价格，即一国货币用另一国货币来表示的价格。要计算两个国家的货币比率，第一步要做的是先确定将某一国的货币作为折算标准，但由于确定标准不同，也就出现了以下两种汇率标价方法。

（一）直接标价法

直接标价法是指以 1 单位（或者 100 单位、10000 单位等）的外币为基准，折算为一定数量的本国货币来表示其汇率的标价方法。

比如，在 2016 年 11 月 25 日，我国外汇牌价显示 100 美元兑换人民币为 688.730 元，此时，外国货币即美元就被看作是单位货币，本国货币则被看作是计价货币。为取得一单位外国货币时所需要支付的本国货币额，被称为“应付标价”。

直接标价法的特点主要有：外币数额没有必要进行改变，本国货币的数额则随外币与本国货币币值对比变化而出现变化，从而表现出汇率的升降。例如，如果一定数额外的币折合本国货币的数量上升，即为汇率上升，外国货币币值上升，而本国货币币值下降；反之，则为汇率下降，即外国货币币值下降而本国货币币值上升。

（二）间接标价法

间接标价法也被称为应收标价法，是指以 1 单位的本国货币能换到的外币数额来表示汇率的方法。

例如，同样为 2016 年 11 月 25 日，美国汇率为 100 美元兑换 94.52 欧元。此种标价方法特点为：本国货币的数额固定不变，外币数额则随着本国货币与外币币值对比的变化而变化，从而表现出汇率的升降。如果一定数量的本国货币能兑换到的外币比原来少，则说明外币币值在上升，而本国货币币值则下降，汇率下降；反之，则说明汇率上升。

当今世界，除英、美等少数国家外，世界上绝大多数国家都采用直接标价法，中国的人民币汇率也是采用直接标价法来表示的。

基于此，外汇在我们眼里可以看作是一个国家与外界进行商品交换的媒介，而汇率则是国际贸易中非常重要的调节杠杆。在全球化的今天，汇率的作用已经越来越重要，有时候所起的作用甚至是决定性的。因为一个国家所生产的商品都是按本国货币来计算成本的，而想要在国际市场上占有一席之地，其成本多少，不是自己说了算，而是市场供求说了算的。因此，汇率在其中自然就扮演了最重要的角色，汇率的高低将直接影响该国商品在国际市场上的成本和价格，从而直接影响该国商品在国际市场上的竞争力。

说完了汇率的基本概念，再来看看中国和美国在汇率上的分歧。中国和美国在度过了 20 世纪 90 年代的蜜月期后，开始就贸易问题打起了口水战，其中，美国的焦点集中在中国人民币币值被低估的问题上，强烈要求人民币升值。为了让中国感受到压力，美国拉拢了西方等国，联合向中国发难。经过漫长的贸易谈判后，中国开始了人民币升值的过程。在许多人的印象里，人民币升值应该是一件好事，这意味着中国人手里的钱值钱了，能买到更多的东西了，似乎中国人的好日子就在眼前了。

但事实真的如此吗？虽然从人民币汇率上升的前几年的消费趋势看，中国游客到欧洲各大城市各大知名购物中心，对知晓和不知晓的奢侈品采取打包式抢购，让见多识广的欧洲人也直呼中国人真有钱。而这种光鲜的事情，也确实让很多人觉得很出彩，但事实上，对于那些做实体经济的商家，尤其是以出口贸易为主的商家来说，从中国政府宣布人民币汇率上升的那一刻起，他们就已经感觉到经济贸易中的寒冬来临了。

原因很简单，中国自确立了改革开放的国策以后，在对外贸易方面就确定了以出口加工贸易为主的贸易形式。

在改革开放初期，中国依靠大量的廉价劳动力全力发展加工业，在沿海一带兴建了以服装、鞋帽为主的工厂，为国外品牌进行加工生产。随着改革开放的深入，中国加工业进一步发展，并开始从鞋帽、服装、玩具等行业向机电、医药等高科技行业发展。但不管加工贸易门类如何齐全，从本质上看，中国的对外加工业依然徘徊在低水平之上，产品的设计、销售和定价权依然控制在外商手中，中国方面赚取的只是低廉的加工费。即使在原材料方面，中国出口的也依然是附加值极低的矿产资源。为了获得加工贸易所带来的外汇收入，中国付出的是能源消耗率高以及对环境的巨大破坏的代价。而让这一切看起来有利可图的秘密就在于汇率。中国通过低汇率，换取国外资本购买中国的商品，也就是以物换汇——换外汇。中国的出口贸易以商品交换的形式收取外国货币，主要是美元，然后回国后按照国家银行规定的汇率，换取人民币作为自己的主要收益。人民币对美元的汇率越低，换到手的人民币就越多，商家赚到的钱也就越多，获利也就越大。

从当时的情形看，中国因为封闭太久，缺少技术，国家建设和发展所需要的一切东西——飞机、机械、电脑，还有为满足人民消费需要的相关电子产品，如电视机等都无法制造，只能到国际市场上去购买。但当时政府的手里只有人民币，国际市场上的卖方如果收取了人民币后，就会发现在国际市场上买不到自己需要的东西，而中国市场上所提供的东西（假设有）却不是他们所需要的。因此，中国的需求越大，人民币就越不值钱。

随着中国改革开放的不断深入，中国的制造技术与水平在不断提高，工人的素质也在提高，电脑、汽车和各类机械装备都能自己制造，而且能够利用这些装备和中国劳动力的优势，生产出更多鞋子、袜子、领带、打火机等诸多轻工业产品出口，通过低价和数量优势，占领国际市场。这样，一方面，对于中国政府来说，并不需要更多的美元去美国等国家购买工业产品，因而对美元的需求就下降了；另一方面，美国人或其他外国人拿到人民币后可以在中国买到价廉物美的生活消费品，所以美国人对人民币的需求上升了，这一降一升，意味着市场对美元的需求减少而对人民币的需求增加，人民币理所当然也越来越值钱了。也就是说，随着中国经济的发展，人民币对美元的升值是势所必然。

人民币升值，对在中国的外贸加工企业影响巨大，因为人民币汇率提升，意味着以前赚到的同样多的美元换回的人民币数量减少了，而在国内用人民币支付的开销却年年在增长。如工人工资、税费、能源消耗、购买材料等，这些支出每年都在增加，而收益却没有因为销量的增加而增加，多数加工企业最终的路只有一条——破产倒闭。

曰于中国过去是计划经济，中国老百姓对货币的认识只有一个感性对象，那就是人民币，而当改革开放实行后，对货币敏感的人群也只集中在沿海地区，而在中国境内也只多了一个货币对象——兑换券。在绝大多数中国人心目中，汇率只是一个不常见的书本上的名词。1994 年，实行了多年的人民币官方汇率和外汇调剂市场汇率并轨，这标志着以市场供求为基础的管理浮动汇率制度的形成。当时，1 美元可兑换约 8.6 元人民币。1996 年 12 月，人民币实现了经常项目下的自由兑换，人民币汇率出现了小幅攀升，1 美元兑换 8.3 元人民币。在此后，人民币汇率被固定在 1 美元兑换 8.28 元人民币。由于中国政府对外汇实行了严格的管制，人民币汇率在很长一段时间内保持了稳定。这个时期，也是中国对外贸易发展最快和最活跃的时期，中国的财富急剧增加，外汇储备数额增加，中国开始成为受国际瞩目的“富裕国家”。

从整体上说，世界财富是组成世界实体的财富的聚合，当中国财富增加时，别的国家财富就会相应地减少。这个世界不是慈善的世界，当一国财富减少后，为了对民众有所交代，政府就必须为财富的减少找一个借口，让别人成为自己被攻击的替罪羊，而找替罪羊的工具就是汇率。当世界进入新千年之后，中国开始成为西方世界攻击的靶子，汇率就成为瞄准靶子的狙击枪。于是，越来越多的中国人开始感受到人民币汇率变动所引发的生活变化。

二、何为汇率制度

世间万物都有其生存的法则，汇率也无法置身事外。在汇率问题上，无论是哪个国家，如果不按固有的规矩办事，那么国际贸易就会无章可循，最后的结果就是整个国际贸易将会陷入混乱之中。

因此，汇率制度，实际就是各国普遍采用的确定本国货币与其他货币汇率的一整套体系，目的就是用来确定汇率、汇率波动的界限以及维持汇率。

其内容主要有以下方面：

第一，确定汇率的原则和依据。例如，是以货币本身的价值为依据，还是以法定代表的价值为依据等。

第二，维持与调整汇率的办法。例如，采用公开法定升值或贬值的办法，还是采用任其浮动或官方有限度干预的办法。

第三，管理汇率的法令、体制和政策等。例如，世界各国都有外汇管制以及外汇管制适用范围的规定等。

第四，制定、维持与管理汇率的机构，如外汇管理局等。

汇率制度的确定有一套规则，基本上都是由各个国家依据自身利益和国际通则协商确定的，并在经济贸易活动中尽力去维持。汇率制度对各国汇率的确定有重大影响，每确定一次汇率制度，世界金融和贸易体系都会产生很大的波动，在世界经济史上都是一件值得关注和记载的大事。

按照汇率变动幅度的大小，我们可以把汇率制度分为固定汇率制度和浮动汇率制度。固定汇率制度是一种将本国货币与外国货币之间的兑换率或汇率稳定在一定水平上，并保持其变动幅度相对固定的一种汇率制度。浮动汇率制度是指政府对汇率的确定和变动不加干预，完全由其在外汇市场上根据自身供求状况自己决定升降的汇率制度。

三、外汇的交易——外汇本身也是商品

在市场经济、资本运营的时代，所有有利可图的东西，都是可以用来交易的，外汇自然也不例外。

外汇交易，从本质上看，就是一种带有非常强的投机性的逐利行为。外汇是货币，但在资本市场上，也是一种能带来巨大利润的商品。由于两种货币之间的汇率会随着这两种货币的供需的变化而出现变化，于是外汇交易员可以在一个汇率上买进一种货币，而在另一个更有利的汇率上卖出该货币，二者之间的差额，就是他所获取的利润。这种投机性外汇交易是目前外汇市场交易的主要交易内容。

还有一类外汇交易，称为对冲交易。金融学上，对冲指的是特意减低另一项投资的风险的投资行为。它是一种在减低商业风险的同时还可以在投资中获利的手法。对冲在外汇市场中最为常见，由于两种相关货币之间汇率的波动，那些拥有国外资产（如工厂）的公司将这些资产折算成本国货币时，会面临着潜在的风险。当以外币计值的国外资产在一段时间内价值不变时，如果汇率突然发生了变化，以国内货币折算这项资产的价值时，就会产生损益，也就是

赔钱或赚钱。为了避免遭受资产贬值的损失，公司可以通过对冲消除这种潜在的风险。从本质上看，就是执行一项外汇交易，其交易结果刚好抵消由汇率变动而产生的外币资产的损失。

外汇买卖是一种很单一的买卖，一般都集中在商业银行等金融机构。它们赢利的手段就是贱买贵卖，赚取买卖差价，而唯一的目的就是追求利润。商业银行等金融机构买进外币时所依据的汇率叫“买入汇率”，也称“买价”；卖出外币时所依据的汇率叫“卖出汇率”，也称“卖价”。买入汇率与卖出汇率的差额一般有一个平均值，在1‰至5‰之间，各国不尽相同，商业银行等外汇交易机构的利润就在这个平均值之间。还有一个术语叫“中间汇率”。买入汇率与卖出汇率相加，除以2，就是中间汇率。

在外汇市场上挂牌的牌价一般都会把买入汇率与卖出汇率挂出来。在直接标价法下，一定外币后的一个本币数字表示“买价”，即银行买进外币时付给客户的本币数值；后一个本币数字表示“卖价”，即银行卖出外币时向客户收取的本币数值。在间接标价法下，则刚好与上面的情况相反，在本币后的前一外币数字为“卖价”，即银行收进一定量的（1个或100个）本币而卖出外币时，它所付给客户的外币数；后一外币数字是“买价”，即银行付出一定量的（1个或100个）本币而买进外币时，它向客户收取的外币数。

外汇市场的奇特之处在于它是全天候交易，因为世界各金融中心所处的地理位置不同，由于存在着时差，亚洲市场、欧洲市场和美洲市场就连成了一个24小时连续作业的全球外汇市场。

外汇交易如股票与期货交易一样，不设交易所。外汇交易市场为“柜台市场”或“同业市场”市场，这是因为外汇交易是由两方通过电话或电脑联网所进行的。世界上任何金融机构、政府或个人可以 24 小时随时进行外汇交易。

外汇市场的参与者主要包括各国的中央银行、商业银行、非银行金融机构、经纪人公司、自营商及大型跨国企业等。它们交易频繁，交易金额巨大，每笔交易的数额都在几百万美元甚至千万美元以上。外汇交易的参与者，主要分为投资者和投机者两类。但不管属于哪一种，通过汇率差价赚钱，是参与者的唯一目的。

正是由于外汇市场是一个 24 小时连轴转的市场，而且没有国界限制，所以外汇交易就是一场和时间进行赛跑的竞赛。假如我们以纽约外汇市场开市作为起点，它在早上 8 点半开市，而到了早上 9 点半，又可以在芝加哥市场开市时去寻找机会。如果在芝加哥市场上错失了机会，也不要慌，到了 10 点半，旧金山外汇市场开市时，一样可以寻找获利的机会。到了下午 6 点半，南半球的悉尼外汇市场开市，然后在晚上 7 点半，则可以在东京外汇市场上寻找机会。晚上 8 点半时，香港外汇市场和新加坡外汇市场开市。到了第二天凌晨两点半，欧洲的法兰克福外汇市场第一个开市，到了 3 点半，伦敦外汇市场开市。如此 24 小时不间断运行，只有在星期六、星期日以及各国的重大节日时，外汇市场才会关闭休息。这种独有的连续作业模式，为投资者提供了没有时间和空间障碍的理想投资场所，投资者可以以自己认为的最佳时机，选择最佳的交易场所进行交易。

比如，投资者上午在纽约市场上买进了日元，晚间香港市场开市后日元价格上涨，投资者就可以在香港市场卖出日元获利。不管投资者本人在哪里，都可以在任何外汇市场、任何时间进行外汇买卖。

国际外汇市场对交易的外汇是有选择的，不是所有国家的货币都能在国际外汇市场上进行交易。一般来说，投资者在选择外汇时，都会选择最常交易或经常进行“流动”的货币，即那些有稳定政府统治、有信誉的中央政府及低通货膨胀率的国家的货币。现今，每日交易的货币 85% 以上是美元 (USD)、日元 (JPY)、欧元 (EUR)、英镑 (GBP)、瑞士法郎 (CHF)、加拿大元 (CAD) 以及澳元 (AUD)。

外汇交易之所以吸引人，主要的优势有以下几种：

优势一：双向交易，赚钱机会多。和投资股票不同的是，外汇投资具有双向性。投资股票只有在它涨的时候才能赚钱，而外汇可以买涨，也可以买跌，只要选对了交易方向，就能赚钱。在股市中，空头行情的时间要比多头行情的时间多出很多，投资者很难把握到上涨的机会，因此，相对外汇市场来说，股市不是一个有长期投资价值的市场，这也是很多股市投资人亏损的主要原因。

优势二：24 小时全天候交易，时间灵活，见价即成交，不会被套。从每周一早上 8 点（北京时间）开始，一直到周六早上 4 点才结束，下班或其他业余时间也可随时轻松建仓，而不用担心因为涨、跌停板的限制而无人承接。而股市只能在白天特定的时段进行交易，一般为早上 9 点半到下午 3 点，对于许多上班族来说，很不利于操作。

优势三：外汇交易很适合中国投资者。外汇的交易黄金时间在北京时间的晚上 8 点至晚上 12 点。这期间是欧洲和美洲的白天，也是市场交易最活跃、汇率变动最大的时候，这个时间段中国投资者一般都待在家里，有充裕的时间投入到外汇交易中。

优势四：投资少，起点低。因为外汇保证金交易是目前国际主流的外汇交易方式，所以可以用较少的资金来做大的交易，杠杆的力量可以促进双向交易，赚钱机会多。

优势五：市场环境公正、公开、透明、监管力度强、不容易受人为操纵。在网上交易平台上，行情和数据都是公开的，相对于股票市场而言，外汇市场可以说是最“干净”的市场。在外汇市场上，每个人都是平等的，“金融大鳄”索罗斯能了解到的信息，普通投资者一样可以在第一时间了解到。汇市每天 2 万亿美元的成交量，使得任何机构都不敢托大坐庄。

优势六：外汇是一种自由、方便的投资方式。只需要一台电脑，接通互联网，就可以在任何地方、任何时间自行买卖交易，非常适合喜欢独立自由工作的年轻人。

优势七：外汇交易通过保证金的形式，能实现以小博大，获得巨额财富。据统计，美国有 1/3 的亿万富翁都是从事外汇投资成功的。比如，索罗斯、巴菲特等人就是炒汇成功中最传奇的人物，也都是世界财富榜上排名靠前的人物。

优势八：“外汇保证金交易”是利用财务杠杆的原理，将资金以扩大信用额度的方式在外汇市场上进行操作。目前，外汇保证金交易的杠杆最大可达本金的 400 倍。也就是说，投资人投资 1000 美元就可以在外汇市场上做40万美元的交易。

优势九：交易策略随市场行情变化而改变，非常灵活，即使开始时看错行情方向，只要立即止损反手，那么所遭受的损失就非常有限，而且还有机会获利。

优势十：低廉的交易费用。不同于投资股票必须支付经纪佣金、交易服务费和税金，外汇市场的场外交易结构特别是高效率的电子化交易系统缩减了大部分的成交和结算费用，交易费用非常低廉。

优势十一：在外汇市场中，可供选择的货币种类有限，分析成本低。

优势十二：外汇交易最能满足技术型投资者的需求。货币的走势规律性比股票的走势规律性要强，利用技术分析手段很容易赢利。世界各国都会定期公布大量的经济数据，方便投资者进行分析。而国家的运作通常都较公司稳定，这也意味着投资者能预测出经济发展的方向。

优势十三：外汇市场中资金流动性高，实行“T+0”制度，容易兑现。外汇市场永远是流动的，交易时间灵活，外汇即时报价系统可以保证所有的市价单、限价单或是止损单在第一时间内成交。

优势十四：汇率变动相对剧烈，盈亏空间大。无论是投资还是投机，都有机会赢利。

优势十五：交易方式多样。

优势十六：同期货和股票权证不同，外汇市场没有交割期规定，任何人都可以长期持有外汇和约。

优势十七：公平性好，投机难度高。股市和期货市场在涨停或跌停的时候都会出现交易难的状况，即要么买不进，要么卖不出。而外汇市场无论在什么时候，都可以按照即时外汇牌价买卖。外汇市场突然大涨或大跌的几率不是很大，可以让投资者从容决策。

优势十八：交易风险的易控性。投资的第一原则就是懂得规避风险，保住本金。投资外汇时可以根据行情及所能接受的损失程度，对每一笔交易设定止损价，防止本金受损过多。这就使得风险容易控制，而收益却没有上限。

优势十九：短线波动使得赢利机会无穷。国际货币之间的汇率变化每时每刻都存在，投资者不必计较每天赢利多少，可以放长线钓大鱼。

优势二十：利息收益可观。如果投资一只高利率的货币，且放大了交易的金额，那么所获得的利息回报就是超额的。高息货币有英镑、美元、澳元等。

四、汇率的种类

外汇交易市场上有很多专业术语，如果不是内行人，会搞不清说的是什么。其实，外汇种类不是很复杂，最主要的有以下几种：

（一）从制定汇率的角度来划分

1. 基本汇率

一个国家的政府通常会在众多外国货币中选择一种国际经济交易中使用最多、在外汇储备中所占的比重最大、可自由兑换的关键货币，作为与本国货币对比的主要对象，然后定出汇率，这种汇率就是基本汇率。

比如，人民币基本汇率是由中国人民银行根据前一日银行间外汇市场上形成的美元对人民币的加权平均价，公布当日主要交易货币。一般都是美元、日元和港币对人民币交易的基本汇率，即市场交易中间价。

2. 交叉汇率

在基本汇率的基础上，本币对其他外国货币的汇率就可以通过基本汇率通过不同的系数加以套算，这样得出的汇率就是交叉汇率，又叫作套算汇率。

（二）从汇率制度的角度来划分

1. 固定汇率

固定汇率是指一国货币同另一国货币的汇率是基本固定的，汇率波动幅度很小，都在金本位制度下。固定汇率高低决定于两国金铸币的含金量，波动的界限是引起黄金输出与输入的汇率水平，波动的幅度就是在两国之间运送黄金的费用。在第二次世界大战后到20世纪70年代初的布雷顿森林货币制度下，国际货币基金组织成员国的货币被规定了含金量和对美元的汇率。汇率的波动严格限制在官方汇率的上下1%的区间内。由于汇率波动幅度很小，所以基本上是固定汇率。

2. 浮动汇率

浮动汇率是指一国政府不规定本国货币对其他货币的官方汇率，对于任何汇率波动幅度的界限不进行限制，本币由外汇市场的供求关系决定，涨落由市场决定。外币供过于求时，外币贬值，本币升值，外汇汇率下跌；相反，外汇汇率上涨。不过，本国政府也可以在外汇市场上进行适当的干预，以使本币汇率不致波动过大，以此来维护本国经济的稳定和发展。

（三）从外汇交易支付通知方式的角度来划分

1. 电汇汇率

电汇汇率是指银行卖出外汇后，以电报为传递工具，通知其国外分行或代理行付款给收款人时所使用的一种汇率。电汇是国际资金转移中一种最为迅速的国际汇兑方式，能在 1 ~ 3 天内支付款项。由于在银行停留时间不长，银行无法利用客户资金通过投资或者信贷赚取收益，所以，一般情况下，电汇的汇率都是最高的。

2. 信汇汇率

信汇汇率是指在银行卖出外汇后，用信函方式通知付款地银行转付收款人的一种汇款方式。由于邮程需要时间相对较长，银行可在邮程期内对客户的资金进行周转利用，所以，信汇汇率要比电汇汇率低。

3. 票汇汇率

票汇汇率是指银行在卖出外汇时，开立一张由其国外分支机构或代理行付款的汇票交给汇款人，由其自带或寄往国外取款。由于从卖出外汇到支付外汇的间隔时间比较长，银行可以在这段时间内利用客户的资金进行周转，所以，票汇汇率一般也比电汇汇率低。

（四）从外汇交易交割期限长短来划分

1. 即期汇率

即期汇率是指即期外汇买卖的汇率，即外汇买卖成交后，买卖双方在当天或在两个营业日内进行交割所使用的汇率。即期汇率其实就是现汇汇率。即期汇率是由当场交货时货币的供求关系情况决定的。在外汇市场上挂牌的汇率，除特别标明远期汇率以外，一般都是指即期汇率。

2. 远期汇率

远期汇率是指在未来一定时期进行交割，而事先由买卖双方签订合同，达成协议的汇率。到了交割日期，由协议双方按预定的汇率、金额进行交割。远期外汇买卖是一种预约性交易，远期汇率是以即期汇率为基础的，用即期汇率的“升水”“贴水”“平价”来表示。其中，如果远期汇率比即期汇率贵，高出的差额称作“升水”；如果远期汇率比即期汇率便宜，低出的差额称作“贴水”；如果远期汇率与即期汇率相等，则没有升水和贴水，称作“平价”。

（五）从外汇银行营业时间的角度来划分

1. 开盘汇率

这是外汇银行在一个营业日刚开始营业、进行外汇买卖时用的汇率。

2. 收盘汇率

这是外汇银行在一个营业日的外汇交易终了时的汇率。随着现代科技的发展，外汇交易设备现代化程度越来越高，世界各地的外汇市场因为互联网而连为一体。但在各国大城市存在时差，而各大外汇市场汇率又是相互影响的，所以一个外汇市场的开盘汇率往往受到上一时区外汇市场收盘汇率的影响。开盘与收盘汇率之间会有一定的差距，而在汇率动荡的今天，再加上发达的通信技术，一般也会有较大的出入。

（六）根据外汇管制情况的不同来划分

1. 官方汇率

官方汇率是由一个国家的外汇管理机构制定、公布的汇率。在实行严格外汇管制的国家，这种形式的汇率占据主导地位，而外汇管制比较松的国家，官方汇率只起着中心汇率的作用。根据国际货币基金组织的资料，目前成员国官方规定汇率分以下几种：钉住某一种货币而规定的；有弹性地钉住某一种货币；合作安排决定的；根据一套指标进行调整的；按管理浮动规定的；按照独立浮动规定的。

2. 市场汇率

市场汇率是指在自由外汇市场上买卖外汇的实际汇率，主要是随着外汇供求状况的变化而上下波动。政府要想对其汇率进行调节，就必须通过影响外汇市场进行干预。当政府对市场汇率无力进行干预或控制时，一般都会采取宣布货币贬值的方法来解决。

3. 黑市汇率

黑市汇率是指在外汇黑市市场上买卖外汇的汇率。在严格实行外汇管制的国家，外汇交易一律按官方汇率进行。一些持有外汇者就会以高于官方汇率的汇价在黑市市场上出售外汇，这样就能换回更多的本国货币，这是黑市外汇市场上的外汇供给者；另有一些不能以官方汇率获得或获得不足够的外汇需求者为了能在短时间内获得外汇，就会以高于官方汇率的价格从黑市外汇市场上购买外汇，这是黑市外汇市场上外汇的需求者。

五、影响汇率的因素

汇率不是一成不变的，总是随着供求关系和经济形势发展而涨跌，而要想从外汇交易中获利，就必须摸清其特质，探索其规律。那么，具体影响汇率变化的因素都有哪些呢？

第一，一国的经济增长速度。从基本面上看，这是影响一国汇率波动的最基本因素。根据凯恩斯学派的宏观经济理论，国民生产总值的增长在一定程度上会促使国民收入和支出的增长。国民收入增加，就会使需求增加，因此，就会增加进口产品的需求，引起的连锁反应就是对外汇需求的增加，推动本国货币贬值。而支出的增长则意味着社会投资和消费也在增长，这有利于促进生产的快速发展，提高本国产品在国际市场上的竞争力，刺激出口，增加外汇供给。所以，从长期来看，经济增长会促使本国的货币升值。由此看来，经济增长对汇率的影响是多方面的，分析起来比较复杂。

第二，国际收支平衡的情况。这是影响汇率变化的最直接的因素。国际收支就是一个国家的货币收入总额与付给其他国家的货币支出总额的对比。如果货币收入总额大于支出总额，就是国际收支顺差，即资金流入，意味着国际市场对该国货币的需求增加，则本币会升值；反之，则是国际收支逆差，进口大于出口，资金就会流出，意味着国际市场对该国货币的需求下降，本币就会出现贬值。

第三，利率水平的差异。利率是一国借贷状况的基本反映，对汇率波动的作用是决定性的。利率对汇率的影响主要是通过对套利资本流动的影响来实现的。如果通货膨胀较为温和，那么，较高利率会吸引外国资金流入进来，同时，国内需求会得到压制，进口就会减少，本国货币币值就会升高。但在严重通货膨胀下，利率就与汇率形成了负相关的关系。一般而言，一国利率提高，就会导致该国货币升值；反之，该国货币贬值。

第四，物价水平和通货膨胀。一般而言，通货膨胀会导致本国货币汇率下跌，通货膨胀的缓解会使汇率上升。通货膨胀会影响本国货币的价值和购买力，会导致出口商品的竞争力减弱、进口商品增加，还会对外汇市场产生心理影响，使得本国货币在国际市场上的信用度遭到削弱。这三方面的影响都会导致本国货币贬值。

第五，政治局势。政治和经济是紧密相连的，一国及国际政治局势出现了变化，都会对外汇市场产生巨大的影响。政治局势的变化一般包括政治冲突、军事冲突、选举和政权更迭等，这些政治因素对汇率的影响程度难以估计，有时很大，但影响时限一般都很短。

第六，人们的心理预期。人的行为是由大脑支配的，而心理活动又控制着人类的各种投资行为。这一因素在目前的国际金融市场上表现得非常明显。汇兑心理学认为，外汇汇率是外汇供求双方对货币主观心理评价的集中体现。如果投资者对其评价高、信心强，则货币升值。这一理论在解释无数短线或极短线的汇率波动上起到了至关重要的作用。

除以上因素之外，影响汇率波动的因素还包括政府的货币、汇率政策，突发事件的影响，国际投机的冲击，经济数据的公布，甚至开盘、收盘都会对汇率造成影响。

总之，外汇汇率的波动，虽然千变万化，但归根到底是由供求关系决定的。在国际外汇市场中，当某种货币的买家多于卖家时，买方争相购买，买方力量居于优势，强过卖方的力量，那么价格必然上升。反之，当卖家预见形势不妙，就会竞相抛售某种货币，市场卖方力量占了上风，则汇率下跌。

第二章

汇率与全球经济的关系

一、汇率的趣味历史

在谈汇率的历史之前，先看一个有趣的小故事，自然是和汇率有关的。

美国和墨西哥的边境住着一个精于算计的农民。别人都以种地维持生计，而他却另辟蹊径，仅仅依靠自己的10美元积蓄便能享受得上小康生活。

早晨起来，他在美国这边的酒店花1美元买一杯啤酒和一盘牛排，吃完后，拿着剩下的9美元来到墨西哥。

这时已经过了中午，他在当地银行按1∶3的汇率，将9美元换成27比索，然后拿出3比索，在当地饭店又买了一杯啤酒和一盘牛排。晚上的时候，他拿着剩余的24比索回到美国这边，再按美国1∶2.4的汇率，换成10美元。就这样，一天下来，他等于白白享用了啤酒和牛排，第二天他再次重复这个过程。

那么，问题来了，是谁在为这个精明的农民的小康生活付钱呢？

这个故事就是汇率及其作用的经典解释。

我们已经知道汇率是不同货币之间兑换的比值，而汇率的出现，却有着一段很有意思的历史。

在人类很长一段的历史时期内，人类经济的发展和财富的积累，都和贵金属的积累有关。千百年来，人们进行贸易的目的，就是拥有黄金、白银这样的贵金属。历史上著名的“地理大发现”的动因，不是为了发现未知的世界，而是为了找到未知的黄金宝地。西班牙人和葡萄牙人就是在这种目的的驱使下，掠夺了印第安人的黄金以及南美洲的白银，并把这些贵金属运回国，成为欧洲最富有的国家。而那些没有黄金、白银的其他欧洲国家如英国、法国就通过把本国的商品卖给西班牙和葡萄牙的方式，换回黄金和白银。这时，还只是最基本的商品交换，一切交易以贵金属为基础，是否发财，一目了然，没有那么多的心机。

汇率的出现，和货币的替代品有关，不过，不仅仅是纸币替代金属货币，金属货币之间的交换，也一样会出现比值。中国在这方面尤其明显。

中国是一个皇权更替频繁的国家，而宣告皇权正统的标志之一就是发行新的钱币。一个新皇帝即位，第一件事就是铸钱。虽然是金属货币，又是在本国发行，但铸钱引发的购买力变化依然是汇率在起作用。其中，引发身死国灭大惨剧的当属代汉而立的新朝皇帝王莽了。

从历史上看，王莽还算一个非常有作为的人，他在当皇帝前进行的多项政治、经济改革都收到了成效，他废汉自立不仅仅是因为个人的野心，更是那些从他的改革中得到了好处的大众的心中所愿。当上皇帝后的王莽，第一件事就是实行货币改革，发行新的五铢钱。

当时，计算金属货币的币值有一个直观的计算方法，就是比大小和重量。这是贵金属货币的特性，个头越大、重量越重，自然就越值钱，能买到的东西就越多。

王莽在货币改革中所铸造的新钱，无论是个头还是重量，都远远不如旧币，但汇率却被硬性规定一个顶俩。也就是1个小的、轻的新币的购买力相当于2个旧币的。这明显就是掠夺民间财富的行为了。

于是，新朝大失民心，王莽从一个全民爱戴的政治明星立刻成为过街老鼠，再加上其他因素，王莽没过几年，就被推翻了。新朝成为一个最短命的王朝，在历史上都来不及单独立传。可以说，这是一个因汇率而引发的王朝战争。

让人感到意外的是，王莽因强定钱币汇率导致国破家亡的悲惨命运不但没有成为后人的教训，相反，还成了一种敛财的经验。

三国时期的刘备花了近三年的时间占领了四川，即将成为一个和曹操抗衡的力量时，却发现自己只有地盘而没有货币。没有钱，在当时的环境下是要命的，即使占领了地盘，也缺乏扎根的基础。

四川是天府之国，刘备打四川也正是看中了四川所具有的财富。

但走进成都，却发现之前的钱财都被自己的士兵抢干净了。但这也是没办法的事，当初刘备就是以“打进成都，金钱随便拿”来鼓舞士气的，如果这个时候反悔，让士兵们把钱交出来，那么根本不用对手费力将他攻下去，自己的士兵就能把他给收拾了。

正当刘备为货币短缺而心急如焚时，谋士刘巴却满不在乎地说，这是小事，只要马上铸大钱流通，就能解决问题了。刘备一听，大喜，只骂自己没金融知识，这么简单的办法都没想到。

于是，刘备马上依计而行。在任何时候，铸钱的速度都是最快的。很快，市面上大钱横行，刘备的那些抢得盆满钵满的士兵和将领发现属于自己的财物没多久又被大老板名正言顺地弄回去了，只能干瞪眼。这充分说明，没有金融头脑的人，永远只能是一个看仓库的角色，为他人作嫁衣。

到了宋朝，虽然国力微弱，但宋朝人做生意的本事一流，金融意识强，铸钱已经不仅是中央政府的事了，而是各地政府都有权铸钱。于是，宋朝市面上各地钱币都在流行，甚至一个地区各个县铸造的钱币也能流通。

钱多了，自然就有兑换的问题。宋朝的老百姓个个都是计算高手，买个菜都会遇到货币兑换的问题，至于和外国人做真金白银的生意，不发财都没天理了。所以，宋朝虽国力弱小，却不差钱；虽到处挨打赔钱，却把所有的敌人都熬死了，这不能不说是汇率的作用。

到了元朝，纸币开始大量发行。

纸币不是元朝的发明，而是宋朝最先使用的。宋朝人使用纸币的原因是金属货币在流通中使用不便，而纸币用起来非常方便。不过，和铸钱权属于政府不同，纸币的发行由民间商号负责，是金属货币的替代品。

当时，一旦有人发现某个发行纸币的商号有中间差存在——发行的纸币量比商号拥有的金属货币多且又被人发现时，那么人们就会一起要求把纸币兑换成金属货币，而发行纸币的商号也会出现信用破产的问题。

这时，货币汇率的表现多为对通货膨胀的反应，因为货币兑换的对象单一，所以其反应也是单一的。

人的贪婪是无止境的，商号多发行纸币的现象也是屡禁不绝。久而久之，因这种局面有损社会和谐，所以最后政府出面，把纸币的发行权收归中央，纸币开始由国家印刷发行了。

元朝打败了宋朝，接收了宋朝的一切，自然也就收了对纸币的管理权。元朝不仅大量发行纸币，还规定市面上的商品交易只能用纸币，如果谁敢用金银等金属货币进行交易，那下场只有一个——杀头。

元朝使用纸币的做法，让来此朝圣的马可·波罗惊奇不已，他发现来大都做生意的欧洲商人都必须先把带来的金币按照元朝政府制定的价格兑换成纸币，然后才能做生意。无疑，这就是最正规的汇率制度了。

元朝通过大量发行纸币，聚敛了无数的财富，但这种方式也耗尽了普通民众对元朝统治者的耐心，集天下财富的元朝最终无法换得统治时间的长久，不到一百年，经济凋敝的元朝就灰飞烟灭。汇率亡国又一次发挥了作用。

替代元朝的是明朝，开国皇帝朱元璋在和元朝对抗时，就发现了纸币的妙处。朱元璋所需军需，绝大部分就是靠发行纸币得来的。那时，他是个“军阀”，在一个地方打完了，就换个地方，留下的就是一堆纸币。

等到天下已经姓朱了，为了王朝的长治久安，朱元璋觉得不能再使用这样的手段了。于是，从宋朝开始使用的纸币寿终正寝，贵金属货币重新走上了舞台。

谁都知道贵金属作为货币具有超稳定性，尤其在商品经济还不发达的中国，买卖是主要的商业行为，实现现货交易，一手交钱，一手交货，应该不会有什么金融风暴出现。其实不然，金融风暴不是什么突如其来的东西，而是自古就有，只是规模和影响力不一样而已。

贵金属作为货币流通，有一个不便之处始终存在，那就是如何进行运输。毕竟，钱不可能总停留在一个地方，必须四处流动。由于对金属货币不怀好意的人太多，因此，在中国就出现了一个很有意思的服务机构——镖局。

镖局的作用就是武装押运，其中押运金银等金属货币是最重要的业务。后来，财大气粗的晋商发明了票号，也就是把纸币已经失去的功能又“请”了回来。晋商以票据代替真金白银，人们出行时，不必再带着死沉死沉的金银，随便在衣服某个部位缝个口袋，把票据藏进去，到了地方，找到晋商设置的票号兑换点，再换成金银就可以去做生意了。

这个过程就是个兑换的过程，除了手续费之外，商号不会再收什么钱，而且把金银存在晋商的商号里，还有利息。但这不等于一定保险。一旦商号发出的票据数量过多，超过了商号的金银储备，票据的票面价值就会下跌，许多人为了挽回损失，会以极低的价格甩卖票据，这可以说是变相的汇率套现。

在贵金属流通的时代，似乎应该没有“假币”，毕竟，在那个时代，金银这种东西还是很容易鉴别的。但是，这并不等于金属货币绝对安全。同为金银，货币之间的差别还是有的，因为在铸钱时，往里面掺什么，是由人决定的。在人类历史上，往金属货币里掺杂一些价格便宜的金属的事情时有发生，而这就导致了劣币驱逐良币的现象。

“劣币驱逐良币”很好理解，即铸造劣币的人希望在最短的时间内把手里的劣币花出去，再把含金量高的良币收藏在家里。这种情形如果大规模发生，就会引发通货膨胀，甚至引发亡国惨剧。

金属货币的超稳定性得到世界公认，如果想以流通便利的纸币来代替金银进行流通，那么在发行纸币时，就必须以相等的金银作为储备，这样，才会保证纸币比值的稳定。

以商业立国的英国，在19世纪开始发行纸币——英镑，而让英镑成为世界第一货币，靠的就是英国战无不克的海上舰队。大英帝国以展示国家“肌肉”的方法，把英镑带到了世界大部分地区。

在那个时代，英国伦敦是世界的金融中心，全世界的对外贸易的结算和货币兑换都在伦敦进行。英镑确立了国际货币的地位，国际汇率也正式出现。

当时，汇率在金融中的地位并不高，国与国之间的贸易结算，虽然要遵循一定的汇率进行，但当双方互不服气的时候，汇率是难以起到调节作用的。当两方吵到不可开交的时候，就只有开打了，一旦一方打输了，汇率问题也不重要了，直接赔钱就行了。

因此，在当时的欧洲，货币扩张是和战争相伴的。政府打仗需要钱，就找银行借，等仗打赢了，就掠夺战败国，把抢到的钱连本带利地还给银行，实现国家和银行的双赢。

那么，英镑是如何成为世界第一货币的呢？

货币地位的确立，必须遵循一定的法则，而且这个法则谁也不能违背，否则，货币的地位就会被市场推倒。英国在确立英镑地位时，也进行了大量的政治和经济准备。

首先，君权由摸不着头脑的“神授”变成了实实在在的民授。

其次，在社会政治法则上确立了议会权力高于王权的准则，这些看上去和货币没有关系，却是英镑国际地位确定的重要因素。因为，这就规定了即使是国王，借钱也是要还的。

虽然确定了这样的社会政治制度，但以往王室的失信造成了众多人破产的经历还是让人心有余悸的。因此，在爆发英法百年战争时，许多英国人对这场战争还是采取关心而不参与的态度，即不借钱给国王。

打仗就是打钱，如果没钱，仗是打不下去的。好在大家已经知道了有国王不能赖账的法律存在，也不好意思再在一旁看着自己的国王光着膀子和法国人死磕了。于是，当时在伦敦的1286个商人出面，以股份制的形式，贷给国王一笔钱，规定利息是8%。这笔钱不但让国王有能力打仗，而且还促使了英格兰银行的诞生。

有了富裕商人的支持，英国国王有了打下去的本钱，但这不等于说国王可以随心所欲地使用这笔钱。英格兰银行制定了非常严密和周到的规则，以监管这笔钱的使用。

一次，英国财政部拿着议会批准的100万英镑的军费决议去银行取钱，却被银行审计长发现决议上面没有国王的印章。原来，当时国王生病了，没法盖章。银行审计长以此为由，拒绝放款。

此事立刻在英国社会引起了轰动，大家发现银行的官员竟然能依据规则抗拒国王的政府，那把钱存进银行是最安全不过了。于是，源源不断的社会资金流进了英格兰银行，而英国政府打仗时就更有底气了。

与之相反，英国的战争对手法国虽然在富裕程度、国土面积方面都超过了英国，但在筹款方面却大大落后于英国，最后导致战争失利。英格兰银行依靠战争利润，为客户带来了滚滚财源。

实力强大以后，英格兰银行开始发行纸币——英镑，来代替金属货币的流通。

刚开始发行英镑的时候，它也和宋朝的纸币作用一样，只起着记账的作用，负责记录黄金的单位，本身并没有什么价值。

真正让英镑确定价值的人是伟大的科学家牛顿。对于牛顿，在大家的印象中，他就是一个伟大的科学家，但他从事科学只占他一生中很短的时光，还是在20几岁的时候。而他一生任职时间最长的职务是英国皇家铸币局的局长。

在这个岗位上，牛顿发挥他天才的计算能力，把黄金价格定为每金衡盎司3英镑17先令10.5便士。从此，英镑依据黄金固定了价格。虽然牛顿对金融的贡献可能是偶然，但他提出的金本位制的最早雏形对后来世界经济和政治格局都产生了深远影响。

后来，英国通过了《金本位制度法案》，从法律的形式承认了以黄金作为货币的本位来发行纸币。1821年，英国正式确立了金本位制。所谓金本位制，就是以黄金作为本位币的货币制度，在这个制度下，各国政府通过法律的形式对货币的含金量进行了规定。英国正式启用金本位制后英镑成为英国的标准货币单位，每1英镑含7.32238克纯金。

金本位制度的典型特点就是自由铸造、自由兑换及黄金自由输出和输入：公民可以将持有的纸币按照货币含金量兑换为金币，各国之间不同的金铸币按各自含金量形成固定比较，建立比较稳定的国际货币联系，并允许黄金在国际自由流动。

可以说，金本位制度的确立，加上英国当时经济贸易的迅猛发展，使得英镑的霸主地位立刻确定起来。从此，世界货币进入了“英镑世纪”。

当一个国家的综合实力达到一定程度后，就必须让自己的货币来体现一下自己的实力。英国就是这样做的。

英镑世界货币地位的确定，还是离不开战争的铁拳。英国和海上强国荷兰打了三次仗，迫使荷兰接受了《航海法》。《航海法》规定：输入英国及其属国的货物，必须使用英国的船只或者是输出国的船只。从此，荷兰船只就没资格在大海上游荡了。至此，荷兰“海上马车夫”的地位彻底丧失，只能在家里溜达了。

由于战争有利可图，英国人愿意为打仗提供军费，有了国内源源不断的军费支持，英国显示出不可阻挡的强劲力量：在连续的征战中，英国终于建立起一支欧洲最强大的、可以横行海上的海军，它的商业触角已经伸向全世界。1686 年时的一个统计表明，当时整个英国有近一半的船只在从事美洲贸易或印度贸易，而在 1914 年第一次世界大战前夕，英国的海外投资曾高达 40 亿英镑，占西方国家总投资的一半。

大量的商品需求促进了英国生产技术的进步，工业革命使英国成为当时世界上最伟大的产业大国，利用其首屈一指的工业优势，英国开始在全球积极推行自由贸易政策，逐步建立起了自由主义的经济体系。它率先采用取消贸易限制的办法来扩大国外市场，也就是用取消别国产品输入英国的限制为条件，来换取别国取消对英国产品的限制。自由贸易开始成为英国的国策。

英国国力的强大，使得许多和英国打交道的国家的老百姓都知道了英镑所代表的黄金价值，于是开始储存英镑，促使了英镑的信用急剧攀升。

1844 年，英国颁布了《英格兰银行条例》，英格兰银行成为唯一能够发行英镑的银行。1872 年，英格兰银行开始为其他银行在困难时提供资金支持，从而维护了英国经济的稳定，此时的英格兰银行已经作为中央银行在发挥作用，有效地维护了英镑在国际上的坚挺地位。

英镑在全世界范围内的广泛使用，加上几十年来英镑同黄金汇率始终保持稳定，让伦敦成为当时的世界金融中心和航运中心。凭借经济与军事优势，英国让葡萄牙、德国、丹麦、瑞典、挪威、法国、比利时、意大利、瑞士、荷兰、西班牙等国也先后过渡到金本位制，促成了国际金本位体系在 19 世纪 70 年代的最终形成，英镑成为世界货币，也就是国际结算中的硬通货，与黄金一起发挥着世界货币的功能。

聪明的英国人控制了黄金，确立了英镑的国际霸权地位，依靠的就是建立金本位制度。英国人这样做的原因很简单，那就是黄金是世界通行货币，无论到什么地方，都可以使用，区别只在于成色和重量而已。而以足够数量的黄金作为准备金，那么英国人就可以自由发行英镑了。对于游历世界各国的商人来说，携带英镑总比扛着死沉的黄金要容易，而且还安全。所以，英国人获得的实际好处就是，在商业贸易中英镑可以直接等价于黄金。

这样一来，英镑给英国的发展带来了无穷的动力，到 1850 年时，英国的城市人口已经超过了 60%；铁产量超过了世界上所有国家铁产量的总和；煤占世界总产量的 2/3，棉布占世界总产量的一半以上；而当时全世界 40% 以上的资本输出来自于英国。英镑的国际老大地位，使得英国享尽了贸易带来的好处。

当英国的贸易触角接触到闭关锁国的清朝时，两个帝国之间的矛盾就产生了。英国人想按照当时世界通行的货币政策，通过汇率结算两国之间的货币，但保守的清朝只认银钱交易，规定清朝的对外贸易只能用银子结算，连以货易货都不允许。

这样一来，清朝的茶叶等商品就换回来大量的白银，由于这是以货易银，英国等国的商人就是聪明到想用汇率来挽回损失，都不可能了。于是，英国等欧美国家辛苦积攒多年的贵金属就这样流进了清朝的国库。

长此以往，英国受不了了，想改变这种结算制度，又和清朝政府说不清；要清朝进口他们的商品，又货不对路，在清朝，即使不被政府管制，他们的货物也很难卖出去。怎么办？只有老方法——用武力解决了。结果就发动了鸦片战争，开启了中国近代受苦受难的历史。

中国最后一个封建王朝的衰败，和不健康的货币制度有着很大的关系。清朝实行的是银本位制度，流通货币是白银，但中国不盛产白银，只有通过对外贸易来赚取白银，弥补国内市场流通的货币短缺。

当清朝在鸦片战争中被打败后，对外赔款只能用唯一的货币白银，几次战争打下来，屡战屡败的清朝政府赔出去了大量的白银，造成了国内货币严重不足。货币不足，经济运行就缺乏血液，于是，整个社会经济彻底瘫痪。

在汇率的发展历史上，由于中国只实行银本位制度，所以用不着汇率，导致中国虽然在一个相当漫长的时期即使是大国也对世界的影响力非常有限。相反，英国只是一个小小的岛国，却通过英镑的作用，成为“日不落帝国”，称霸一时。

从汇率的历史中可以看到，汇率是经济法则，其在经济生活中发挥的作用，是不以人的意志为转移的。即使位尊如封建皇帝，可以对人生杀予夺，但对于汇率，也只能顺势而为，稍有违逆，就会受到惩罚。

二、汇率制度的变迁

英镑在国际金融中的强势地位，一直维持了近百年，即使经历了残酷的第一次世界大战，英国元气大伤，但英镑的地位还是保住了，使得英国还能保持惯性，继续充当世界的“老大”。但有见识的人都明白，英国世界“老大”的地位已经不保了，帝国已是日薄西山，一个全新的强国正在崛起，并开始奠定本国货币在世界金融上的强势地位。

（一）从国际金本位制度的崩溃到布雷顿森林体系的建立

德国“证券教父”安德烈·科斯托兰尼说过这样一句格言：“一种货币只会死在自己的床上。”它形象地指出了一种货币的价值和使用此货币的国家的命运是息息相关的。

英镑在金本位制度下占据霸主地位将近100年之后，也开始陷入了困境。黄金毕竟是个稀罕物，不是弯腰就能捡到的，从找金矿到开采金矿，一堆人挤在一起，辛苦劳作，一天也收获不到多少，谁要是走运发现一块狗头金，连睡着了都会笑醒。

英国人确立了金本位制度，又依靠足够多的黄金储备来发行纸币——英镑，正是因为黄金储备足够，所以英镑成为可自由兑换的货币。本着方便的心理，当时的人更愿意持有英镑，而不是黄金。反正英镑随时都能兑换成黄金，也就不必抱着死沉的黄金在家里欣赏了，而拥有英镑还能吃利息。

而对于大英帝国来讲，发行的纸币并不需要真的和拥有黄金的数量一一对应，只需要保持大致的比例，让人们保持对英镑的购买力的信心就可以了。于是，英国就可以通过印钞票来换取无穷的财富了。

虽然英国有印钞票的便利，但这不等于说英国政府就可以无节制地发行纸币。毕竟，已经不是国王说了算的时代了。英国政府在通过英镑获利时，也遵循着一定的国际规则。因为要确定英镑体系，靠的是实力和信誉，二者缺一不可。

彬彬有礼的英国绅士自已确定了金融规则，也在身体力行地执行这些规则，这才能把这些金融规则推广到世界，铸就英镑的霸主地位。

但是，金本位制度有一个极大的限制，那就是需要黄金作为储备。正是因为黄金产量不足，而人创造商品的能力无限，所以黄金无法满足人们在商品交易中的需求。这样一来，贵金属货币的流通基础就被极大地削弱了。正当世人还没有找到如何解决这个伤脑筋的办法时，第一次世界大战爆发了。

在整个19世纪的世界中，奉行的是“丛林法则”，也就是弱肉强食。英国依靠强大的海军，在世界各地进行圈地，建立了庞大的“日不落”帝国，也给自己带来了滚滚财源。英国的日子过得如此红火，当然引起了欧洲大陆新兴强国——德国的嫉妒。

德国基本上是一个内陆国家，当英国正忙着在世界范围内圈地时，德国还在忙着统一国家。等德国忙完之后，世界已基本上被英法瓜分殆尽了。德国空有一副强大的身架，却找不到用武的地方。好容易跟法国打了一架，打赢之后咬着牙要了一笔战争赔款，但法国人眼睛不眨一下就付清了。

于是，德国也想利用自己的强大武力，重新划分世界版图，为自己抢得更多的生存空间。于是，老牌的帝国主义国家和新兴的帝国主义国家之间的矛盾就爆发了。

对于德国人来说，要打仗，目的是抢殖民地，还没想到把德国马克变成世界货币上面去，但对于英国人来说，要遏制德国人的野心，就包含着维护英镑的地位的因素。因此，英国人毫不犹豫地站在了德国的对立面了。

1914年6月，德国的亲密盟友奥匈帝国皇储在萨拉热窝被刺，以此为导火索，第一次世界大战爆发了。大战前夕，各参战国为了准备这次战争，加紧对黄金的掠夺。战争爆发以后，军费开支就如同泄闸的洪水，急剧增加。为了筹集军费，参战各国纷纷停止了金币铸造和纸币与黄金之间的兑换，也禁止黄金输出和输入。

这样一来，军费的问题暂时解决了，却也从根本上破坏了金本位制赖以存在的基础。

1918 年 11 月，第一次世界大战结束。此时，作为世界金融中心及世界霸主的英国，在战争中，士兵伤亡约 80 万人，军费开支近 100 亿英镑，国民财富损失了 1/3，从维多利亚女王时代积累的财富消耗殆尽。对外贸易方面，1918 年的损失达到 13.16 亿英镑，同时，英国的出口额仅为进口的 1/2。

为了弥补因战争而造成的巨额贸易逆差，英国不得不变卖海外投资的 1/4，即 10 亿英镑去补偿贸易的巨额逆差，于是，大英帝国破天荒地从一个债权国变成了债务国，只能通过举借外债解决财政困难和贸易逆差。

第一次世界大战改变了债主和借债人的身份，战前美国欠英国国债约 30 亿美元，战后英国反倒欠美国 47 亿美元。同时，英国的内债因战争而直线上升，战前英国内债为 6.45 亿英镑，战后猛增为 66 亿英镑。在这样一个背景下，英国的经济出现衰退，英镑的强势地位也遭到了质疑。

对于美国人来说，这是个很好的机会，来挑战英镑的国际地位，以美元取而代之。欠钱的成为大爷，本就不符合西方追求公平的原则。尤其让美国人不服气的是，在仗打得最激烈的时候，美国人好心借钱给英国，却还要绕着弯先到伦敦金融中心，把钱兑成英镑，才算完成当债主的“使命”。

所以，当世界大战正在进行时，美联储成立了。美联储的诞生，看起来是偶然的事件，实际上代表着美国的综合国力已经超越了英国。所以，美联储一诞生，它就已经是世界上最强大的中央银行，这也标志着美元已经开始取代英镑成为世界最主要的货币。

第一次世界大战重创了欧洲各国，却给美国带来了发展机遇，大规模的战争物质采购极大地促进了美国各行业的生产和服务，到了 1929 年，美国的工业产量至少占世界工业总产量的 42.2%，这一产量大于所有欧洲国家的产量，美国开始让老牌的欧洲国家不敢小看。

世界经济因为第一次世界大战而完全改变，但是称霸世界近百年的英国人是不愿意看见金本位崩溃的，为此，他们不断地做着努力想维持这一制度。

在 1918 年，第一次世界大战进入最后一年的时候，英国人就迫不及待地制定了英镑与黄金的兑换比率，规定 3 英镑 17 先令 10.5 便士兑换纯度为 0.917 克的黄金。英国人想利用这一措施恢复人们对英镑的信心。但在当时的情况下，想在世界范围内恢复金本位制度，是难以办到的。

等到战争结束后，英国在 1922 年召开的热那亚会议上，重提了金本位制度。这一次，英国人的提议得到了与会各国的响应。而这也让英国人看到了英镑恢复荣光的希望。于是，在 1925 年，时任英国财政大臣的丘吉尔在议会上郑重宣布，英国按照战前的汇率恢复金本位制。按照当时的汇率比价，1 英镑兑换 4.86 美元。

汇率确定了，但英国人的美好愿望却没有实现。原因很简单，经过战争摧残的英国已经难以独力支撑金本位制了，需要靠别国支持，而能做到这一点的只有美国。于是，美联储和摩根银行联合给英国以巨额贷款，总算是帮助英国撑起了门面。

但是，光借钱给英国还不够，还要想办法控制资本流动。美国人就好事做到底，又和英国货币当局一起大幅度提高了英美两地的资本市场的利差。这样一来，资本就不会逃离英国，相反还会流入英国。

事情到了这一步，英国人的愿望应该可以达到了吧。但是，英美两国政府的努力，却违背了真实的市场经济规律，因为英美两地的资本利率是人为制定的，而且还把英镑的估值提高了 10%。这使得英国的产业丧失了竞争力，加速了英国的经济衰退，同时，还出现了严重的通货紧缩。

英国人还没有把新的金本位制这个果子消化掉，新金本位制所埋下的经济危机的隐患却悄然来临。经济危机不仅造成世界范围内的经济衰退，也给刚刚经历了战争创伤的国家以沉重打击。

英国自然也逃不脱这次打击。在 1930 年，英国工商业急剧萎缩，失业率上升，而赖以生存的外贸更是出现了灾难性的后果，使得英国再一次出现了贸易逆差。

在这种状况下，英国都让人失去了信心，若还想让英镑让人放心，无异于痴人说梦了。危难时刻，什么最保险？当然是黄金了。于是，人们纷纷到银行去兑黄金。从1931年开始，英国境内的黄金不断外流。

在这种状况下，英国还想死守金本位制，那就会成为世界各国的提款机了。于是，在1931年的9月21日，英国再一次脱离了金本位制。从此，脱离了金本位制的英镑再也没有恢复过金本位制。所以，这就标志着英镑从世界主要货币的地位摔落下来了。

当然，对于英镑来说，它所受到的最沉重的打击还是第二次世界大战的爆发。这一次，战争的挑起者是充满了复仇之心的德国。

德国在第一次世界大战战败后，无论从领土上还是经济上，都遭受到掠夺，并因此而愤愤不平。尤其在遭遇经济危机后，整个国家都陷入了绝望之中。而这一切都为野心家希特勒的上台，准备了条件。

希特勒发动战争，目的是争夺世界霸权，对货币问题考虑得不多，甚至压根儿就没有考虑。在他心中，依靠武力就能获得一切，还费心思去考虑什么货币、汇率干什么？但希特勒不考虑这些，因为他是独裁者，全德国的财富都集中在他手里，而他的对手英国却是民主国家，即使是打仗，在经济上也不能乱来。

于是，英国为了应付战争，又必须开始借款，而借债的对象就是美国。都说美国在第一次世界大战中发了财，其实远没有传说中的那样离谱。想想看，美国是两边押宝，为交战国双方提供物质和金钱，但胜利者只有一个，战败方德国支付战胜国的赔款都够呛，哪儿还有钱还给美国？

美国人倒有国际精神，在凡尔赛国际会议上，为解决交战双方之间的赔款纠纷，美国总统威尔逊大方地说德国欠美国的钱不要了，不但不要，为了帮助德国复兴，还主动借款给德国。对战败国都如此大方，对战胜国的要求也不能不答应吧？就这样，美国在欧洲人眼里成了救世主。

但好心没好报，当德国遭遇经济危机和因逼债而导致无法还美国的借款时，英国人马上趁火打劫，跟美国人说要一视同仁，德国人不还钱，英国人也不还。这下把美国人气疯了，德国人不还钱，是因为受到你们战胜国的掠夺，英国人不还，纯粹是违背协议。

发怒归发怒，但时代不同了，欠钱的终于成了大爷，美国人也拿英国人没辙。英国人贪了小便宜，却在美国人心里留下了非常坏的印象。

因此，在第二次世界大战初期，很多美国人是同情德国人的，非常乐意看到英国人被教训。当然，希特勒所发动的战争，毕竟是不义之战，和世界发展潮流相悖，也不符合美国的价值观。所以，美国最后站到英国一边，也是顺理成章的。

第二次世界大战终于打完了，德国被彻底打服，而作为老牌帝国主义国家的英国，也完全丧失了元气。当英国首相丘吉尔去参加雅尔塔会议时，就有着深切的感受："我的一边坐着巨大的北极熊，另一边坐着巨大的北美野牛。中间坐着的是一头可怜的英国小毛驴。"英国的首相已经认识到英国在世界上只能排第三了，是要看老大和老二的眼色的。

英国在第二次世界大战中付出的代价远比第一次世界大战要多得多。毕竟，第一次世界大战结束后，英镑还是世界货币，但第二次世界大战后，英镑开始逐步贬值，1949年9月，英国宣布英镑贬值30.5%，将英镑兑美元的汇率贬到2.80美元。不可一世的英镑开始向美元低头，而且还宣告了英镑想再次成为世界头号货币的企图将是永远不可能完成的任务了。

美国终于迎来了扬眉吐气的一天。

接受了教训的美国这次不打算当冤大头了，上一次当债主还要看别人的脸色，这一次美国要当货真价实的大爷了。现在应该是美元的天下了。

美国的崛起不是一天两天就能完成的。欧洲人第一次认识美洲大陆是在2000年前，当时一位挪威航海家在航海回来后告诉大家自己发现了一块新大陆。但在当时的条件下，没引起什么人的兴趣。

到了17世纪初期，欧洲人为了拓展海外市场，开始向北美移民。最先到达北美大陆的移民是英国人，但踏上这块土地的人都不是什么好人，以罪犯、政治犯和破产逃债的人居多，其中也不乏对新生活充满渴望的人。

随着时间的推移，北美大陆逐渐形成了具有自身特色的民族——所谓的美利坚民族。这个民族渴望摆脱宗主国英国的统治，获得独立。终于，经过我们所熟知的独立战争，一个新国家诞生了。

建国后的美国依靠广阔的国土和丰厚的自然资源以及勇于开拓的民族精神，在大批生机勃勃的移民的努力下，终于走上了腾飞的道路，开始了青云直上的发展历史。

在发展的道路上，美国迎来了好时机。当欧洲各国在第一次世界大战中打得你死我活的时候，美国人却通过军工生产，不仅赚了钱，还打下了深厚的工业基础。当第一次世界大战结束后，欧洲成了废墟，而美国却成了世界制造中心。而1931年成立的美联储，更是在随后的几年里承担了世界银行的职责。美元开始代替英镑，走到了金融舞台的中心。

第一次世界大战的果子还没完全消化，第二次世界大战又给美国递来了发展的跳板。欧洲参战国为了应付更大的战争，只得以透支未来经济的代价向美国购买军事物质和贷款。而精明的美国人立刻规定，交战国可以用黄金、美元或者美元债券向美国购买武器和物资。

这样一来，美国就走上了挡无可挡的发财之路。为了应付生产需要，美国还专门成立了战时生产委员会，雇了25万人进行工作。到战争结束时，世界上大量的黄金流入了美国，其储备达到世界黄金储量的59%，这使得美元地位进一步加强，为日后美元成为世界货币奠定了基础。

仗快要打完了，美国成了世界的债主，说话分量也重了。美国人不仅仅是想当武力上的老大，那已经没必要去说明了，谁敢不服？就来打一打。当时可没人傻到去跟美国人比块头。既然武力是天下第一，那么精神上的第一也不会放弃。美国要当全方位的老大，最终盯上了国际货币体系。

国际贸易增多，使得汇率成为在国际贸易与支付中必须面对的问题。国与国之间的贸易不能使用本国货币，只能使用外汇，而国家之间的货币比价汇率又是国际贸易中的调节杠杆。

在进行国际贸易时，一国所生产的商品都是按照本国的货币来进行成本核算的，一旦要出口，就要与别的国家的商品进行竞争。那么，此时一国货币与当时国际货币的外汇汇价就显得格外重要。它的高低直接影响该国商品在国际市场上的成本和价格，从而影响本国商品在国际市场上的竞争力，并对国家对外贸易状况产生冲击，影响国家的国际收支和经济发展。

美国人正是看到了这一点，才想到要抓住战后国际货币体系重建的机会，确立美元体系。而要实现这一点，就要搬开英镑这个绊脚石。

凭借着超强的国力，美国没有跟英国多废话，直接下通牒——谈不谈？不谈就开打。面对强势的美国，英国知道就是拉上所有的国家来反对，也没什么用。英国一直奉行的大陆均衡政策，在美国面前玩不转了。无奈之下，英国只能放下身段来参加确立美元地位的谈判了。

如何规划战后的国际货币体系，英美两国各有自己的打算。英国提出的是“凯恩斯计划”，提出者是著名经济学家凯恩斯，而美国提出的是以财政部长命名的“怀特计划”。“怀特计划”充分暴露了美国准备凭借其实力来控制世界财富以及统治国际金融领域的野心。英国虽然实力受损，但架子还在，自然对美国的计划表示了强烈的不满。

为了对抗美国，英国在会谈中率先提出了“凯恩斯计划”，主张建立一个新的国际货币体系，同时发行一种新的国际货币作为国际清算单位。看起来英国的主张是出于公心，没要求把英镑作为国际货币，但谁都知道英国目前没有树立英镑的实力，这么做的目的就是阻止美元成为国际金融体系的中心，希望通过几年后的积累，再让英镑成为新核心。

英国人的小算盘哪能逃过美国人的眼睛。美国费这么大劲，就是要把英镑踢下去，还能让英镑当替补吗？虽然凯恩斯是名闻天下的经济学家，和他相比，怀特只是小字辈，但人强不如国强。英国此时已经是债务国了，而且欠的还是美国人的债，只能无奈地看着美国人占上风。

美国人没有和英国人多废话，直接告诉英国人，如果英国想推行“凯恩斯计划”也行，但美国在日后的国际货币基金组织中所接受的摊派金额不能超过30亿美元。而且美国人还告诉英国人，这是美国宪法规定的，政府不能违背。

这话说出来，英国人马上蔫了。货币组织没钱还玩什么？于是，高傲的英国人只得闭嘴，不再推销“凯恩斯计划”，让美国人轻而易举地赢了第一局，换来的是美国承诺在未来的货币组织中提供30亿美元的资金。

高傲的英国人输了第一局，自然不甘心，还想着要在后面的谈判上找回一点实惠。于是，在有关提款权谈判上，英国提出要放大各国的提款权。言下之意，就是只要提出来，货币组织就应该满足。

英国人心里的想法很明显，那就是放大提款权来满足自己的要求，从而获得好处。英国人还摆出大公无私的样子，提议在提款权面前每个国家都是平等的。美国不是有钱吗？这么多国家狮子大开口，看它能应付多少。

英国人憋着劲儿要出美国人的洋相，还想趁火打劫。但美国人又岂是那么好糊弄的？这个世界上想让美国人做赔本生意的，压根儿就没有。美国人也不恼，今天的形势和百年前英国当老大时不一样了。那时，英国人教训别人，除了武力，还要合纵连横，拉一派打一派，现在这些国家就是抱成一团，也不是美国的对手，还怕什么？

于是，美国认为有时候钱多了并没有什么用，拿回去也是放着，如果不规定数额，限制提款权，就无法高效利用资金。为了防止英国人继续捣乱，美国人提出各国可以有提款权，但必须接受国际货币基金组织的监督。也就是说，如果国际货币基金组织认为成员国违背了其精神，那么提款申请就会被拒绝。

英国的努力又一次遭致挫败后，还是有些不甘心。凯恩斯为了保护英国的利益，又在汇率变更上提出了意见。以前，英国是坚持固定汇率的，现在，自己当不了老大，说话没分量了，又缺钱，就想着要放弃固定汇率的立场，向美国提出要拥有变更汇率的自由。也就是说，成员国出于国内经济政策的需要而变更汇率，国际货币基金组织就不能干涉。

在美国人看来，这又是英国人在捣乱了，成员国都有变更汇率的自由，那美元以后不成纸了？美国坚决要求国际货币基金组织有干涉成员国经济政策的权力。经过一番争论之后，美国最终使得它的主张得到了成员国的通过。

最后，美国全面压制了英国，其主张都被与会国接受。于是，在1944年7月，世界上44个国家的代表在美国新罕布什尔州的布雷顿森林，通过决议确定了战后的国际新货币与贸易格局。在第二次世界大战结束后，国际货币基金组织和世界银行相继成立。国际货币发展体系开始了新的一页。

《布雷顿森林协议》很复杂，这里只介绍和汇率有关的内容。简单地说，《布雷顿森林协议》规定美元和黄金挂钩，而成员国货币和美元挂钩，实行可调整的固定汇率制度。布雷顿森林货币体系即战后以美元为中心的国际货币体系正式确立。英镑作为世界结算货币逐渐被美元所取代，世界货币开始进入美元世纪。

布雷顿森林体系确立之后，首先结束了当时世界混乱的贸易状况，使得全球贸易在一段时间内维持了稳定。美国通过赠予、信贷、购买外国商品等形式向世界范围大肆抛售美元，在一定程度上起到了扩大世界购买力的作用，而实行固定汇率又避免了金融动荡。另外，布雷顿森林体系确立后，国际货币基金组织和世界银行的活动，也对世界经济的恢复起了很好的作用。由此，拉开了美元霸权的序幕。

（二）“特里芬难题”成为美元的死穴

盘点这一时期的汇率制度，可以发现，在破坏性的战争面前，汇率制度不像其他被战争摧毁的物质和思想那样遭到了破坏，反而焕发出强劲的生命力。1914 年，第一次世界大战爆发，黄金成为紧俏物质和唯一世界货币，因此，各国停止黄金输出、输入，纷纷发行大量的纸币来弥补巨额的军费支出和财政赤字。

这样做看起来光鲜，却让汇率脱离了黄金平价，处于剧烈波动状态，没多久，恶果就出来了，最终使得各国相继放弃金本位制，金本位体系即告解体。

第一次世界大战到第二次世界大战之间，各国都在利用这个短暂的和平时期积蓄力量，都在想着如何赚别人的钱。因此，货币基本上没有遵守一个普遍的汇率规则，而是处于混乱、各行其是的状态。也正是这种新的货币环境促使经济学家们开始研究汇率制度，并提出了最早的浮动汇率理论，引发了早期的“固定汇率”和“浮动汇率”两种汇率制度模式的争论。

固定汇率制度和浮动汇率制度是相伴而生的，二者是在历史上交替实施的，而影响汇率制度变迁的最主要因素就是战争和经济危机。

第一次世界大战前，在国际金本位制下，主要国家的货币汇率被稳定在黄金输送点的范围内。但是，这种脆弱的稳定局面很快就被残酷的战争打破了，导致战后数年内，许多国家的货币汇率不再受黄金输送点的约束，而可以随意波动。

到了20世纪20年代中期曾一度恢复了汇率的稳定，实行金块、金汇兑本位制度。但好景不长，一场突如其来的世界性的严重经济危机，使得稳定的汇率制度再次被浮动汇率所代替。

各国为了尽早地摆脱危机，以商品出口换钱，都采取了让本国货币贬值的方法，各国货币的汇率完全脱离了黄金平价，汇率制度实际上处于浮动汇率制中。这种混乱的状况一直持续到1944年布雷顿森林体系的建立才宣告结束。

在1929~1933年经济危机风暴的摧残下，金本位制土崩瓦解，不兑现的信用货币制度取而代之，各国货币汇率也处于不稳定的状态，起伏很大，每隔一段时间，不是引起国际动荡，就是导致本国人民人心惶惶，造成了财富的巨大损失。

在巨大的灾难面前，许多经济学者开始探讨汇率的决定和变动的问题，并取得了很多重要的成果。从第一次世界大战到 1944 年的布雷顿森林体系形成，在这一时期的汇率理论中，传统的购买力平价说、汇兑心理说和利率平价说呈三足鼎立之势。

购买力平价说是一种研究和比较各国不同的货币之间购买力关系的理论。购买力平价说认为，人们对外国货币的需求是由于用它可以购买外国的商品和劳务，外国人需要本国货币也是因为用它可以购买本国的商品和劳务。因此，本国货币与外国货币相交换，就等于本国与外国的购买力在进行交换。所以，用本国货币表示的外国货币的价格也就是汇率，决定于两种货币的购买力的大小。由于购买力实际上是一般物价水平的倒数，因此两国之间的货币汇率可由两国物价水平的比率来表示。

汇兑心理说认为，汇率的变动和决定所依据的是人们各自对外汇的使用效果进行的主观评价。人们需要外国货币，不是为了炫耀，目的也不仅仅是需要用外国货币购买商品，还有满足支付、投资或投机和资本逃避等现实的需要，这就会产生对外国货币的主观评价。评价越高，自然对外国货币的需求也就越大。

这种主观评价的依据是使用外币的边际效用所做的主观评价，虽然是主观的，但也受贸易收支、资本流动、投机状况等客观因素的影响。因此，通过对外国货币的不同的主观评价产生了外汇的供应与需求，供求双方通过市场调节来达成均衡，这个均衡点就是外汇汇率。当这种均衡被打破时，汇率又将会随着人们对外汇主观评价的变化而达到新的均衡。

尽管汇兑心理说是以人们的主观评价作为汇率决定和变动的基础的，但投资者的确是根据各自的心理预期来决定资本转移的数额和需要什么样的外币的，所以一个时期内对外币的不同选择会对外汇市场造成很大的冲击。可以说，汇兑心理说是较早把预期因素导入汇率分析的，为战后的预期理论奠定了基础。

利率平价说由英国经济学家凯恩斯于 1923 年首先提出，这个理论说明利率水平的差异可以直接影响短期资本在国际的流动，并能引起汇率的变化。因为投资者想获得较高的收益，自然在选择资金投向时会选择利率较高的国家，而资金的流入将使利率较高国家的货币汇率上升。

凯恩斯的学说很清楚地说明了货币市场上的利率差异同即期汇率、远期汇率之间的关系。实际上，远期汇率的推导过程就是应用了利率平价的理论。虽然该理论在前提假设上存在着很大的缺陷，但是利率平价说最大的特点是突破了国际上传统的国际收支、物价水平的范畴，从资本流动的角度研究汇率的变化，奠定了现代汇率理论的基础。

第二次世界大战使资本主义世界经济格局发生了巨大变化，而布雷顿森林体系的确立，使得美元成功上位，确立了以美元为基准通货的国际金汇兑本位制，给美国绑架国际汇率制度体系、操纵国际汇率提供了有利的条件。

布雷顿森林体系是一种“双挂钩”制度，理解它并不难，我们已经知道了美元与黄金直接挂钩，其他会员国货币与美元挂钩，即同美元保持固定汇率关系。要确立这个体制，美国为美元制定了含金量，即1美元的含金量为0.888671克，美元与黄金的兑换比例为1盎司黄金等于35美元。而其他成员国的货币按各自的含金量与美元挂钩，确定其与美元的汇率。说穿了，也就是数学中的等价交换关系。

实行了这一货币体制，就把其他国家的货币与黄金交换切断了关系，只需要钉着美元就可以了，美元成了各国货币围绕的中心。各国货币对美元的汇率被严格限制，只能在平价上下1%的限度内进行波动，超过这个限度，各国中央银行就不能坐视不管，有义务在外汇市场上采取措施，进行干预，以保持汇率的稳定。

如果想让货币贬值或者升值，也不是不可以，但有着严格的条件限制，即只有在一国的国际收支发生“根本性不平衡”时，才允许这样做。各会员国如果想要变更平价，必须提前通知基金组织，如果变动的幅度在旧平价的10%以下，国际货币基金组织不会设置什么障碍；如果变动超过10%，那么就不能自行其是了，必须取得国际货币基金组织同意后才能进行变更。如果在国际货币基金组织反对的情况下，会员国擅自变更货币平价，那么，国际货币基金组织有权停止该会员国向国际货币基金组织借款的权利。

布雷顿森林体系实际上是一种国际金汇兑本位制，又称美元—黄金本位制。它使美元在战后国际货币体系中处于中心地位，美元成了黄金的“等价物”。如果把黄金看作是上帝的话，那么美元就扮演了牧师的角色。任何货币想跟黄金发生任何关系，必须先跟美元打交道吧。从此，美元就成了国际清算的支付手段和各国的主要储备货币。

当美元借助布雷顿森林体系确立了在国际上的霸主地位后，美元就变成了美金，成为世界各国的一种国家信用货币。

从经济学常识来看，作为一种信用货币，首先就必须拥有信用。而 1970 年以前的美元，的确配得上这种称呼。也就是说，20 世纪 70 年代以前的美元，被叫作美金是没错的，是能真实代表财富和价值的，但从 1973 年以后，美元就脱离任何财富保证了。

布雷顿森林体系确定的美元体制决定了国际货币基金组织的成员国想要得到黄金，就必须先换成美元，然后再到美国去换黄金。这么一个折腾的过程，就是金汇兑本位制。

这个货币制度和以前英镑当家的金本位制没有什么区别，美元和当初英镑的地位和作用一样，和黄金挂钩，永不贬值。当然，如果有的国家嫌换美元再换黄金麻烦，还有一种不被干涉的金币本位制，就是把黄金直接铸造成钱币。不过，在 20 世纪有这种想法的人只能是傻帽。所以，有美国出头当老大，大家也乐意揣着美元过日子。

布雷顿森林体系有两大支柱，第一是只有美元才能兑换黄金，第二是各国实行钉住美元的汇率制度。这样做的理由很简单，美元和黄金是固定汇率，而世界各国的货币和美元是固定汇率，经过等量代换，就变成了世界各国的货币和黄金是固定汇率了。

这样一来，信用体系也通过美元得到了保证。因为在这个体系内，所有国家的货币都与黄金的比率是固定的，各国货币的信用也得到了保证。

在布雷顿森林体系确立的头30年，美元就意味着黄金，任何人只要手里有美元，就可以到美国的央行按照固定的汇率兑换黄金。正是因为有这一固定汇率的存在，虽然美元是世界货币的老大，但美国还是不能想印钱就印钱。如果这样做，美元的信用就完蛋了，大家就会拿着美元去挤兑黄金。

美国虽然依靠强权推美元上位，达到了自己的目的，但英国人当初玩不转的东西，美国人就能玩得转吗？事实证明，所有以金本位为主的货币体系，都注定是不长久的。英国人让英镑玩了100年，而美国人只让美元玩了30年就玩不下去了。

原因是什么呢？很简单，现代社会的一切活动都离不开钱，都需要钞票。像美国这样的超级大国，要当世界老大，需要操心花钱的地方太多了，政府出现财政赤字怎么办？印钞票！但是黄金的储量却是有限的，哪里经得起无节制地印钞票呢？因此，美元危机就不可避免地爆发了。

第一次美元危机爆发于1960年，而起因就是朝鲜战争以来，美国一直处于国际收入逆差的境地。打仗就要花钱，而且朝鲜战争名义上是联合国对朝鲜局势的干涉，但真正开打的只是美国一家。

因为在战略上的判断失误，美国在朝鲜战争中打得非常辛苦，花费巨大，虽然战争结束了，但和战争有关的花费却没有减少，这使得美国的黄金储备从400亿美元下降到170多亿美元，黄金数量的下降，使得美元的信誉遭受危机，黄金价格上扬，达到了每盎司40美元的高价。

黄金对美元价格的变动，立刻在世界范围内引起了对美元的投机行为，一股抛售美元抢购黄金的风潮立刻出现，即使富裕、强大如美国也挡不住这股投机客引发的抛售美元的风潮。于是，美国只能求助于英、法、德等七国。

那时的美国还是第一次当老大，对一帮小弟还很恭敬，英、法、德等七国虽然在利益上和美国有分歧，但也知道美元出现的危机对国际货币制度有很大的负面影响。因此，也都很给美国面子，马上协调成立了七国“黄金总库”，集大家之力，抛售黄金，稳定美元，总算是渡过了这一难关。

这次危机表明了布雷顿森林体系存在着一个致命的缺陷，即美元固定价格兑换黄金与实际市场价格之间存在着难以调和的矛盾。这个矛盾在布雷顿森林体系设立时，因为美国的富有和强大而被掩盖了，但还是被一个人看了出来。

在国际经济学史上，有一位著名的天才经济学家以他的超前意识，让人们再一次认识到真理往往掌握在少数人手里的规律，他就是罗伯特·特里芬。

当时的罗伯特·特里芬正在耶鲁大学当教授，1960年美元第一次出现危机又安然度过后，特里芬在人们还在互相庆贺时就指出布雷顿森林体系存在着无法克服的矛盾：在黄金生产出现停滞的情况下，如果美国的国际收支长期保持顺差，全世界的黄金都会流入美国，钱都被美国人赚了，那么国际储备支出就无法满足国际贸易发展的需要，世界上就会出现美元供不应求的现象；如果美国的国际收入保持逆差，美元全世界都是，国际储备就会出现过剩现象，黄金减少，那么美元就会泛滥，导致美元贬值，出现美元危机。这样一来，布雷顿森林体系就会出现危机。

特里芬由此提出了一个难题，即美元无论是多还是少，都会造成世界经济灾荒，而这个悖论是难以解决的。特里芬教授提出的问题，被称作是“特里芬难题”。

但在当时，由于美元危机已安然度过，所以主流经济学界和大多数经济学家对特里芬的预言相当不以为然，甚至有人认为这是无稽之谈。特里芬是少数能够清醒地认识到潜在危机的经济学家之一。然而，他的警告没有引起更多人的注意，即使他的预测即将明确地变为事实的时候，也仍然没有引起足够的重视。原因是什么呢？

很简单，美国的崛起速度太快，尤其在第二次世界大战结束时，美国成为当仁不让的战胜国领袖，在军事上实现了控制全球的意图，在经济上也以胜利者的姿态对国际经贸事务进行了控制。

当时的美国的确有这个实力，其 250 多亿美元的黄金储备，占了全世界黄金储备总量的 75%，是世界上无可匹敌的经济大国，而且整个欧洲都因为打仗而欠着美国的债，要想开展重建工作，还要继续找美国借钱。所以，美国成为了有史以来最大的债权国，依靠这样的威势，美国最终建立了一个体现自己意志的布雷顿森林体系。

能力越大，责任也就越大，强大的地位也意味着空前沉重的责任。建立与黄金挂钩的美元本位制是美国多年来追求的梦想，也是要替代英镑让美元成为世界货币的必由之路，但其同样蕴含着自我毁灭的种子。

我们都听说过这样一个故事：从前有个媳妇，贤淑能干。后来婆婆让她主持家务，负责给全家人煮粥。由于每年打的粮食很有限，而这一家却年年添丁进口，为了让全家人都吃饱，媳妇只好不断地往锅里加水，结果是粥越来越稀，最后婆婆怀疑媳妇把粮食偷着背回了娘家，一气之下，将她赶出了家门。

这个故事很有意思，但不幸的是，在当时的国际货币体系中，美国的角色就是这个，虽然聪明却又倒霉的“媳妇”。布雷顿森林体系为美国规定的任务有两个：一是要保证美元按固定官价兑换黄金，这样，加入货币体系的各个国家才能保持对美元的信心；二是要为国际贸易的发展提供足够的美元。然而，维持信心和提供清偿力却是一对矛盾尖锐的“冤家”，美元过少会导致清偿力不足而无法维持国际清偿能力，但这个度却很难把握，因为美元过多又意味着贬值，会出现信心危机；美元减少又会对经济发展造成不利影响。

当然，对美元打击最大的是战后黄金生产相对缓慢，毕竟有美元这种纸质的钞票做保证，谁还会劳心去弄黄金呢？但为了恢复经济，国际贸易在战后迅速发展，各国大幅增加出口，因此，对美元的需求也越来越大。作为一种国际保证货币，美国要持续不断地向其他国家提供美元，这样一来，原来美国对世界的贸易顺差，马上就成了巨额逆差，由此留下了国际收支赤字的“大窟窿”。

作为国际储备货币的美元，不是黄金那样的贵金属货币，而是可以通过印钞来弥补不足，虽然美国有铸币权，随时可以印美钞，把逆差缩小，但这样做就像前面故事里的巧媳妇往粥里加水一样，造成的后果就是市场上美元越来越多，导致美元贬值，不利于其世界货币的角色扮演。然而，收支赤字使得美国的黄金储备不仅没有增加，反而会由于别国要求兑换黄金而使得美国国内的黄金储备在减少。

由此，一方面是国际货币体系内的美元越来越多，另一方面是美国银行储备的黄金越来越少，而这势必会造成美元兑换黄金失去保证，美元出现信用危机。时间一长，布雷顿森林体系自然也就无法维持。

“特里芬难题”所直接针对的，正是寓于布雷顿森林体系之中的矛盾，这恰恰是对现实的深刻审视。早在布雷顿森林体系尚处于正常运行的50年代，特里芬就开始对该体系的生命力表示怀疑，结果，便是1960年“特里芬难题”的正式提出。

特里芬对自己提出的问题进行了总结：与黄金挂钩的布雷顿森林体系下美元的国际供给，是通过美国国际收支逆差，即储备的净流出来实现的。这会产生两种相互矛盾的可能：如果美国纠正它的国际收支逆差，则美元稳定、金价稳定，然而美元的国际供给却不能满足需求；如果美国听任它的国际收支逆差继续下去，则美元的国际供给虽不成问题，但由此积累的海外美元资产势必远远超过其黄金兑换能力，从而使得美元的兑换性难以维系。

正是因为面临如此两难困境，注定了布雷顿森林体系的崩溃只是时间早迟而已。实际上，由任何一种主权货币来充当唯一的国际货币，“特里芬难题”都是无法避免的。历史的发展，也验证了“特里芬难题”的正确性。

美元经历了第一次危机后，就会出现第二次、第三次。8年后即1968年，还是由于美国出现贸易逆差，而使得黄金储备减少——美国的黄金储备只有121亿美元，而短期外债则高达331亿美元。而这时，黄金产量大国苏联又对外宣布，不再向世界市场提供黄金。明显的黄金储备不够偿还外债的情况使得国际投资市场上黄金价格猛涨，美元下跌。

七国集团的“黄金总库”使出了浑身解数，大量抛售黄金，最后导致亏损33亿美元。最终，“黄金总库”被掏空了，难以维持，只好宣布解散。美国也无计可施了，只好宣布取消布雷顿森林体系的承诺，不再允许个人以美元向美国银行兑换黄金，变成只允许各国央行以美元向美国兑换黄金。这样一来，就注定布雷顿森林体系离崩溃不远了。

（三）“尼克松冲击”和“史密森协议”

美国为救市而采取的变卦行为并没有让麻烦结束，1970年美国开始介入越战，这是一场更大的麻烦的开始。巨额军费开支加上工业生产出现的危机，导致美国短期外债高达553亿美元，而黄金储备只有可怜的110亿美元。这次，任何人都能看出美元不如黄金值钱了。于是，抢购黄金和抛售美元的风潮开始在世界各地上演。

这样的架势即使美国再富有也招架不住了。于是，美国政府在1971年8月干脆连各国央行用美元兑换黄金的业务也停了，同时，还破天荒地宣布美元对黄金贬值7.89%，希望通过美元的贬值来刺激美国商品的出口，减小美国的贸易逆差。

但是，美国为拯救经济而做出的努力，并没有收到效果，反而进一步加剧了通货膨胀，使得资金大量外逃，美国的国际收支不但没有得到遏制，反而进一步恶化。到了这个时候，如果美国还紧守布雷顿森林体系，那就只有死路一条了。

1971年5月，欧洲市场再次爆发大规模抛售美元的风潮，到当年夏天，美国黄金储备已不足100亿美元，美元贬值的形势越来越明显，由此引发了一场资金外逃的狂潮，并于七八月份达到了顶点。100亿美元的黄金储备被人们称为必要的、永久的“战争基金”，是不能随便动的，如果这一数字继续减少，那么，就会对美国产生致命的打击。面对这一严重状况，美国政府意识到必须立即做出反应了。

当时的美国总统是后来因为“水门事件”而下台的尼克松，在1971年8月5日，尼克松发表电视讲话，向世人宣布实行“新经济政策”——停止按35美元1盎司的官价兑换各国中央银行持有的美元，并对外国出口到美国的产品加征10%的进口税，直到美国的所有贸易伙伴同意其货币对美元升值为止。

尼克松宣布这一政策之前没有像以前一样，和自己的伙伴国家通气，而是自行商讨决定然后对外公布的。政策一经宣布，立刻在国际市场上引起了轩然大波。西方国家的股市应声大跌，资产损失无法估量，国际经济和金融动荡加剧。

按照布雷顿森林体系和国际货币基金组织的规定，任何成员国要变动货币政策和经济措施，都必须和其他国家商定，得到同意后才能实施。美国一直都是这样要求其他成员国的，但他自己却首先违背了这个组织程序。美国违背国际货币基金组织的规则，并做出极端单边主义行动的行为令国际社会感到愤怒。国际舆论普遍认为，美国采取这样的做法太不负责任了，是对规则的践踏和对国际货币基金组织的一次严重的背叛，这次极端的行动就是对盟友发动的一场经济战争。

而这次行动也是美国第一次在国际货币事务上采取的自由行动。在美国看来，不这样做的话难以起到作用，如果要按照规则和成员国商量，能不能通过不说，还会引发更大的动荡，那时，美元说不定就成废纸了。

美国的这次行动对日本冲击最严重。因为当时日本正处于经济腾飞阶段，主要的贸易对象就是美国，再加上日本是出口型经济，积攒了大量的美元。这次美元贬值，日本积累的巨额美元资产必然缩水。因此，尼克松宣布的这个决议，被日本金融界称之为“尼克松冲击”。

美国单方面做出的“中断美元兑换黄金”这一惊人的决定，给了国际货币体系致命的一击，等于给布雷顿森林体系的“棺材”上钉上了最后一颗钉子。美国人不但不给成员国一个道歉，甚至连一个解释都没有。而且还变本加厉，在随后就新的货币政策问题与别国谈判时态度强硬，直接对欧洲及其他各国说：“美元是美国的货币这没错，而它所造成的问题却是你们应该解决的。”

面对美国如此强硬的态度，各国政府也怒了，但生气归生气，又不能把美国怎么样。各国手里揣着大把的美元，却拿不回等量的黄金。答应美国的要求，等于被美国白白欺负，还要赔笑脸；不答应美国的要求，就只能搂着一大把废纸过日子了。于是，双方就这样对峙着。

僵持的局面一直持续了4个月，直到1971年12月17日，美国财长康纳利才在华盛顿史密森学会的红楼里把几个重要国家的负责人召集在一起开会，因为美国所要的效果已经达到，各国再继续闹下去，只会对美国不利。

于是，十国集团在华盛顿举行秘密谈判，经过激烈的讨价还价，最终达成了一个调整货币比价的协议，基本上是承认了美国这次无理取闹的结果。由于会议在华盛顿的史密森学会大厦举行，这个被尼克松称为“世界历史上最重要的货币协定”又被称作“史密森协议”，或“华盛顿协议”。按照协议的要求，各国货币对美元的汇率都有不同程度的升值。

“史密森协议”的主要内容大致有以下方面：

（1）美元对黄金贬值7.8%，黄金官价由每盎司35美元提高到38美元。

（2）其他国家的货币，除加拿大元继续浮动外，大多数做了不同程度的升值。

（3）把国际货币基金组织协定规定的汇率波动从正负1%扩大到各2.25%，波动幅度共4.5%。

（4）美国取消进口附加税和投资税。

但是，协议虽然签订了，细看之下，这协议至多只能算是应付美元危机的权宜之策，根本没有解决各国在国际货币关系中存在的问题。因为布雷顿森林体系是建立在美国强大的经济实力基础之上的，并对世界黄金进行了垄断，如今，美国的经济开始衰落，无法满足世界对黄金的需要，那么，整个体系就完蛋了。

因此，协议签订半年后，美元危机再次爆发，美国政府再次宣布美元贬值 10%，每盎司黄金的官价上涨到 45.22 美元。这一次，其他国家不愿意再为美元买单，英国首先宣布英镑汇率浮动，其他一些主要资本主义国家也相继实行货币汇率浮动，“史密森协议”规定的货币固定比价实际上已经失效。随着美元大幅贬值，日本政府在短暂抵制后，也被迫放开日元汇率，日元汇率从 1971 年的 1 美元兑 310 多日元升至 1973 年的 1 美元兑 280 日元左右，升幅约 12%。这样一来，固定汇率被取消，浮动汇率制度开始确定。

“史密森协议”实际上是美国和其他主要资本主义国家在转嫁和反转嫁美元危机的斗争过程中所达成的一项临时协议。“史密森协议”的签署使美元得到了更大的腾挪空间，美元终止了兑换黄金的义务，再也没有任何牵制力量，但别国货币还要继续和美元绑在一起，与美元同呼吸共命运，成了美元的俘虏。

1973 年初，第 8 次美元危机爆发后，美元对黄金再度贬值，各国先后放弃“史密森协议”规定的新汇价，实行浮动汇率。到这一步，旨在挽救布雷顿森林体系的尝试宣告失败，布雷顿森林体系也彻底解体，而“史密森协议”也仅仅生存了 15 个月。布雷顿森林体系崩溃以后，国际货币制度进入了一个新的时期。美元的连续下滑和汇率的剧烈波动引起国际社会新的不安。1976年，国际货币基金组织“国际货币制度临时委员会”在牙买加首都金斯敦召开会议，达成了关于国际货币制度改革的《牙买加协议》，确立了浮动汇率制度，并于1978年4月开始生效。

存在了30年的布雷顿森林体系垮台了，原因是什么呢？很简单，就是严重失衡的货币体系是难以持久的。在布雷顿森林体系下，美国的经济实力是一国独大，因此，在设置相关规则时，各国只能跟着美国的指挥棒转，这样就导致规则在设定时就存在着缺陷。如布雷顿森林体系规定的自由兑换就难以实现。因为在经过世界大战的摧残后，一些小国因为生产停滞，根本就没有什么东西可以出口，只能依靠进口维持国家运转。那么，贸易逆差就不可避免。而为了维持贸易平衡，就必须对货币兑换进行管制，防止出现货币投机行为。而这样，又与布雷顿森林体系的规定相违背。

布雷顿森林体系规定的固定汇率，也是可望而不可即的目标。在战后的重建过程中，要想恢复经济，就必须加大引进外资的力度，并要采取措施防止本国的黄金储备外流，促进本国产品出口创汇。在这样的环境下，各个国家都想让本国货币贬值。因此，维持固定汇率就成了笑话。

所以，当布雷顿森林体系一确定，法国就第一个宣布法郎贬值，随后英国也有样学样，跟着宣布英镑贬值。而且，英法两国货币贬值的范围都超过了国际货币基金组织规定的范围。在这样的条件下，布雷顿森林体系想发挥作用，无异于痴人说梦。

再好的计划也赶不上变化，各个国家有各自的小算盘，美国就是有天大的本事也玩不转，而且各国的小算盘还对美国产生了不利的影响。

美国借助布雷顿森林体系，确立了美元在世界上独一无二的地位，美元成为世界通行的货币。这对美国带来的好处是不言而喻的。相对其他国家，美国在解决经济问题和制定货币政策时，占据有利位置，而其他国家在美元经历波动时，只能无奈地牺牲本国的利益来迎合美国的需要。但欺人之事不能久做，当别国无法忍耐时，布雷顿森林体系也就到了瓦解的时候。

布雷顿森林体系规定美元与黄金挂钩，但二者在性质上是不对称的，因为黄金不仅仅是货币，而且还是国际商品，其本身具有的储藏功能是天生的，很难被取代；而美元虽然借助美国的国际实力在全世界推广，但还是属于信用货币，其稳定性终究不如黄金。

因此，当世界各国赞同布雷顿森林体系时，更多的是看中了美元在支付和干预方面的便利性，而当各国的美元积累到一定程度时，大家又不约而同地想到了要把美元兑换成黄金。但是，黄金的供应是有限的，而美元是可以开动印钞机来印的。尤其当货币缺乏，需要开动印钞机印美元时，世界对黄金的渴求就会增加。所以，当美元的信用一旦出现危机，布雷顿森林体系就难以解决问题了。

虽然布雷顿森林体系先天不足，但好歹也发挥了30年的作用，几次垂死，都挺了过来。而真正给予布雷顿森林体系最后一击的是美国总统尼克松不顾后果的决策。

1971 年 8 月 15 日，尼克松宣布美国开始实施新政，在为自己终止美元与黄金自由兑换的决策辩护时，尼克松强调是因为投机者已经发动了对美元的战争。虽然尼克松振振有词，但在国际金融界看来，没金刚钻就别揽瓷器活，当初谈判时，用枪炮逼着他国承认美元的地位，现在玩不转了，就单方面撕毁协议，像话吗？

但不管这些国家怎么跳着脚指责美国，美国为了自己的国家利益，就是这样做了，又能拿它怎么样呢？也只能把尼克松的狡辩当真理，由他去糊弄了。

尼克松的狡辩虽然让美元度过了这次危机，但没有真正解决“特里芬难题”。美国要想确定美元的地位，使得世界储备资产获得增加，就必须建立在美国政府增加赤字的基础上。当这种赤字积累到一定程度时，美元的信用就会受到削弱，美元价值相对黄金就会贬值；如果要让美国减少赤字，那世界资产储备增加就难以实现，从而导致世界贸易萧条。

尼克松敢为所欲为又能拿胡说当理由的底气在于布雷顿森林体系确定了美元的霸主地位，这一地位的确定，使得世界各国都患上了“美元依赖症”。这种“依赖症”使得美元可以为所欲为，不受任何机制的约束。美元的这种特权使得美国不但可以摆脱其余国家对它的束缚，还能单方面撕毁已经签订的国际协定。

但是，任何事都有两面性。美国可以为所欲为，但也会亲手埋葬自己一手主导和建立的布雷顿森林体系。但这对于美国来说，似乎是它一直所盼望的。因为，从此以后，美元就成了美国政府敲诈世界的最有力的武器。

三、没有硝烟的战争

（一）浮动汇率制度登上历史舞台——《牙买加协议》

实际上，自 1973 年 3 月以后，全球金融体系中以美元为中心的固定汇率制度就已经完全消亡了，浮动汇率制度开始成为金融舞台上的主角。而《牙买加协议》生效后，浮动汇率制度的合法地位得到了确定，西方主要工业国家如美国、英国、德国以及东方的日本等率先开始正式实行浮动汇率制度。不过，此时其他大多数国家和地区，尤其是第三世界国家因为经济规模不大，也不活跃，所以仍然实行钉住挂钩的汇率制度，这些国家的货币一般都选择钉住美元、法郎、马克、日元等国际主要货币。

但是，在世界上主要工业国货币都实行浮动汇率制度的背景下，这种钉住汇率的制度已经和原先的钉住汇率制完全不一样了。由于主要货币之间的汇率总是在不断地波动，于是钉住某主要货币的一国货币就无法同时与其他货币都保持一个固定的比价，选择钉住其中任何一种主要货币，便意味着本币的汇率将对其他主要货币在进行浮动。此时，主要西方工业国的货币汇率基本由国际外汇市场上的供求关系决定。

实行浮动汇率制后，金本位制乃至以美元为中心的布雷顿森林体系所规定的货币法定含金量，或与其他国家订立纸币的黄金平价，就完全没有什么意义了。所以，原先虽然死板但稳定的国际、汇率体系，开始随着市场的变化而变化，变得日益复杂起来。

在浮动汇率制下，汇率上下波动的幅度是由市场决定的，各个政府的作用在下降，中央银行也没有了承担维持波动上下限的义务，各国汇率是根据外汇市场中的外汇供求状况，自行浮动和调整的结果。同时，一国国际收支状况所引起的外汇供求变化开始成为影响汇率变化的主要因素——国际收支顺差的国家，外汇供给增加，外国货币价格出现下跌、本国货币升值，汇率上浮；国际收支逆差的国家，情况正好相反，对外汇的需求不断增加，外国货币价格就会出现上涨，导致本国货币贬值，汇率下跌。

1978 年 4 月 1 日，《牙买加协议》正式生效，实行所谓“有管理的浮动汇率制”。由于新的汇率协议使各国在汇率制度的选择上具有很弨的自由度，所以，现在各国实行的汇率制度多种多样，有单独浮动、钉住浮动、弹性浮动、联合浮动等。

（1）单独浮动，指一国货币不与其他任何货币固定汇率，其汇率根据市场外汇供求关系来决定，目前，包括美国、英国、德国、法国、日本等在内的 30 多个国家实行单独浮动方式。

（2）钉住浮动，指一国货币与另一种货币保持固定汇率，随后者的浮动而浮动。一般，通货不稳定的国家可以通过钉住一种稳定的货币来约束本国的通货膨胀，从而相对提高本国的货币信誉。当然，采用钉住浮动方式，也会使本国的经济发展受制于被钉住国的经济状况，一损俱损，从而蒙受损失。目前，全世界约有 100 多个国家或地区实行钉住浮动方式。

（3）弹性浮动，指一国根据自身发展需要，对钉住汇率在一定弹性范围内可自由浮动，或按一整套经济指标对汇率进行调整，从而避免钉住浮动汇率的缺陷，获得更多外汇管理、货币政策方面的自主权。目前，巴西、智利、阿根廷、阿富汗、巴林等十几个国家采用弹性浮动方式。

（4）联合浮动，指国家集团对成员国内部货币实行固定汇率，对集团外货币则实行联合的浮动汇率。欧盟十一国在 1979 年成立了欧洲货币体系，设立了欧洲货币单位欧元，各国货币与之挂钩建立汇兑平价，并构成平价网，欧盟规定各成员国货币的波动必须保持在规定的幅度之内，一旦超过汇率波动预警线，有关各国要共同干预外汇市场。

1991 年，欧盟各成员国在比利时的马斯特里赫特小城签订了《马斯特里赫特条约》，制定了欧洲货币一体化的进程表。1999 年 1 月 1 日，欧元正式启动，欧洲货币一体化得以实现，使得欧盟这样的区域性的货币集团开始出现，成为可以和美元抗衡的国际区域货币。

进入浮动汇率的货币时代，并不等于说所有的货币都平等了，其中，美元依然维持着其霸权地位，凭借着美国超强的实力，拥有着控制世界的力量。虽然美元不再和黄金挂钩，但美国人还是凭借着美元大棒，在全球展开了激烈的扩张战争。

（二）“石油美元”溶解苏联

在 20 世纪 70 年代，世界开始进入了多事之秋。随着意识形态纷争的加剧，美苏两国虽然没有直接介入冲突，但明里暗里都在较劲。其中，中东地区就成为两国较量的战场。

中东地区敌对的双方是以色列和阿拉伯国家，其中，以色列有美国撑腰，而以埃及为首的阿拉伯国家，则得到了苏联的支持。以色列和阿拉伯国家为了领土和其他权益，开始大打出手。其中，尤以第四次中东战争影响最大。

1973 年 10 月，埃及和叙利亚为了摆脱美苏造成的中东地区不战不和的局面，率先向以色列开战，同时，其他阿拉伯国家也组织多国部队，加入了对以色列的战争。表面上看，第四次中东战争是阿拉伯国家为了收复被以色列占领的土地，其实，其背后隐藏着很深的意图。

1973 年 5 月，一群来自全球的跨国公司巨头、国际银行家和一些政客（主要是美国人），在皮尔德博格俱乐部的年会上，一起商议如何在失去了黄金的支持后，依然能保持美元的霸主地位。当时，因为尼克松的政策，使得美元不再具有一呼百应的威力，但30多年来对美元的依赖，使得这些国际巨头觉得就这样放弃手里的美元，有些不甘心。于是，他们决定重新寻找一个替代物，让美元能再一次充当世界货币。

这些国际巨头经过商议以后，把目标瞄准了石油。当时的石油价格十分低，但在国际交易市场上的成交额却十分巨大，也是当时世界许多国家所依赖的能源。这些国际巨头提出了一个非常大胆的计划，那就是采取一定的手段，让廉价的石油能提升价格，成倍上涨。

这些巨头们之所以提出这样的计划，就是因为在当时的国际货币体系之下，国际石油交易的结算货币是美元，如果石油价格上涨，那么国际上对美元的需求就会扩大，那么美元就会重新获得以前的地位。同时，石油价格上涨，就会增加那些依赖石油的国家进口石油的成本。这些国家要想维持国内经济运转，就必须增加贷款来进口石油，而这些国家求贷的对象主要是美国。这样一来，美国就能通过发放贷款获利了。

当时，中东地区是世界上最大的产油地区。又恰逢中东战争，美国便将目光锁定于此。

其间，阿拉伯国家在苏联的支持下，宣布对西方国家实行石油禁运。于是，石油价格开始飞涨，爆发了第一次能源危机。美国人在不费一枪一弹的情况下，顺利实现了让美元再次成为世界货币的图谋。

但如果事情到此为止，那么美国人获取的不过是账面上的利润，最多是多发行美元去买高价石油，拉高通货膨胀，而这对整个世界的经济发展和运行没有什么好处。于是，密室政治的第二步计划就出笼了。

尼克松的顾问基辛格按照这帮国际巨头的意思，开始在中东地区进行穿梭外交，目的是让美国能够获得巨大的利益，同时，在一定程度上制约阿拉伯国家。因为阿拉伯国家实行的石油禁运已经严重影响了世界经济，受到了全世界的指责。基辛格在和阿拉伯国家进行谈判时，挥舞着大棒，不断恫吓阿拉伯人，连支持阿拉伯地区人民起义一推翻王室的话都赤裸裸地说了出来。

美国人发怒了，阿拉伯国家的领导人都吓坏了。本来，他们和以色列隔得很远，卷入这场纷争是出于宗教号召，他们内心对打这场仗也是糊里糊涂的。于是，沙特阿拉伯第一个服软，成为第一个与美国达成合作的欧佩克国家。

有了第一个，就不愁没有第二个，何况沙特阿拉伯是地区大国，也是石油产量最大的国家。欧佩克各国都与美国达成协议，规定购买石油只能用美元结算。

这样一来，美国就成功地用美元套住了石油，美元脱离黄金后的低迷期由此结束，同时，世界货币也进入了石油美元的时代。

对于美国来说，中东战争中谁胜谁负都没有关系，重要的是美国通过这场代理人战争，不仅让阿拉伯人认识到了美国的可怕之处，还完成了重振美元的计划。美元在注入了石油这剂强心针之后，又开始了翻云覆雨。

美国在确立了石油美元的时代之后，并没有就此收手，而是马上开始琢磨收拾自己最大的对手——苏联。

当世界确立了石油美元的地位之后，苏联也从中获得了极大的好处。苏联是一个产油国，石油储存在世界上也是排在前面的。而油价上涨、石油美元盛行时，苏联依靠出口石油，获得了巨额美元，然后再用美元进口国内需要的工业品，日子过得十分滋润。可以说，苏联依靠出口石油获得的美元，为维持僵化的国内体制提供了决定性的金融资源。苏联的经济状况在不用任何经济改革的情况下就得到了改善，可以大量购买外国先进设备和消费品，还保障了与美国进行军备竞赛的财政基础。

美国当然不会让苏联借着美国的计划过上这样的好日子，美国已经知道由于石油价格的上涨，苏联的出口贸易已经形成了对石油工业的依赖。于是，美国开始策划通过打压油价的方式，来打压苏联了。

为了实施这个计划，美国先让中央情报局局长凯西到沙特阿拉伯首都利雅得去见沙特亲王，说服亲王和美国一起采取行动，把油价降下来。沙特亲王不愿得罪苏联。凯西则称可以保证他们的安全，可以向沙特出售美国研发的最尖端的武器。

搞定了沙特阿拉伯之后，美国又开始在石油市场上布局。毕竟，石油是消耗品，要想拉低价格，就要先缩减用量。为此，美国首先缩减了本国的石油储备，同时，还要求西欧以及日本也采取同样的行动。这样一来，石油价格上涨的趋势就被遏制了。

但是这样一来，以产油为主要收入来源的沙特阿拉伯受不了了。都不买石油了，我们喝西北风呀？看到沙特阿拉伯态度动摇，美国又连忙安抚，悄悄告诉了沙特阿拉伯一个绝密的消息，那就是在未来一年内，美元将贬值 25%。沙特得到了这个绝密消息，就可以通过套汇交易获得巨额利润。

于是，沙特阿拉伯响应美国的号召，提升石油产量，压低石油价格。

在这一套精妙组合拳的打击下，石油价格应声回落，从原来的每桶 30 美元下滑到 12 美元。这下，苏联的出口换汇能力急剧下降，外汇收入减少。紧接着，美元贬值 25%，以前积攒的美元价值立刻缩水，财富无形中消失了 1/4。

面对这种情形，当时的苏联领导层面临着两难的选择。一种选择是立即解散社会主义阵营，把庞大的帝国势力范围慢慢收缩，不再与东欧附属国进行石油和天然气的物物交换，而是拿这些油气去换自己急需的硬通货。但这样一来，苏联就会丧失在第二次世界大战中获得的所有胜利果实。在当时的政治局势下，没有哪一个苏联领导人有如此的魄力，因为这意味着向西方敌人投降。另一个选择是减少 2000 亿美元的粮食进口。但当时苏联因为长期实行集体农庄政策，粮食已经好多年出现短缺，无论采取什么措施，都无法增加粮食的产量，只有靠进口维持。如果此时减少粮食进口，那么苏联人的生活水平会立刻下降，经济状况甚至会回到第二次世界大战时期。

苏联领导人也知道，如果真的减少粮食进口，苏联撑不了几个月。不过，还有第三个选择，就是苏联放弃和美国的军事争霸，大规模裁减军事工业。但这不但象征着向美国示弱，与苏联几十年树立起来的强势形象严重不符，而且许多苏联城市几乎没有什么民用工业，都严重依赖于军工企业，如果一裁减军事工业，马上就会造成大量的失业人口，那么社会矛盾就会凸显，一样会引发动荡。

苏联领导人发现，本来条条大路通罗马，但现在似乎无论哪条道路都走不通。最后，无可奈何的苏联领导层为了取得美元，只有向西方银行大举借贷，可这无异于饮鸩止渴。

这仅仅是美国教训苏联的第一步，因为石油美元提升了美国的影响力，尤其是那些依赖石油的国家和地区，更是要看美国的脸色。于是，美国就开始游说欧洲国家以及一些国际机构，开始限制给苏联提供贷款。为了让这个计划顺利实施，美国拉着西欧国家到苏联进行了一番考察，然后给苏联戴高帽，说了一些苏联是富裕国家，人民生活幸福之类的话。

然而，美国人就说既然你们已经很富裕了，那国际贷款就不能按以前那样实施了，贷款利率要提高了。苏联人还没反应过来，国际贷款利率就由原来的7%上升到17%。

贷款利率上升意味着什么，就不用多说了。更糟糕的是，苏联是个产油大国，但产油机械设备却需要进口。进口设备的钱来自外汇和贷款，现在钱多花了，但油价却下跌了，明显的就是亏本买卖。

这还不算，美国人又来了个釜底抽薪，开始鼓励西欧国家研制和推广替代能源，以降低对苏联油气资源的依赖。不仅如此，美国还给国际能源机构强加了一份协议，限制欧洲从苏联进口天然气，规定不能超过本国需求的30%。这样，苏联的经济大受影响。

并且，苏联此时的原油生产还出现了开采量下降和成本上涨的问题。20世纪80年代初期，占苏联石油产量25%的萨莫特洛尔油田已经开始出现了产量下降的状况，西西伯利亚等其他巨型油田的产量也比以前有了明显的减少。在苏联的一些巨型油田中，容易开采而便宜的石油资源已经没有多少了，而西西伯利亚稍小一些的复杂油田要进行开采，则需要巨额的资金投入。

为了维持原来的产能，苏联需要有更多的资金和物资投入，但国家预算中没有钱来进行这些投资。这就将导致一个结果：当原油价格下降时，苏联将越来越难以用增产来维持稳定的外汇收入。

到了戈尔巴乔夫时期，苏联经济已经陷入了四面楚歌的境地：苏军在阿富汗陷入泥潭，难以自拔；波兰在西方支持下，公开表示要脱离社会主义模式；美国说要搞“星球大战”计划，苏联相信了，把有限的资源全都投入到和美国的军备竞赛中，结果花钱无数。

国库被掏空的苏联人，无法可想，只有卖黄金换外汇。就在大家都以为美国已经把苏联掏空了，连黄金都拿出来卖了，应该是收手的时候了吧？不想，美国人又对苏联发起了最后的攻势。1991年1月和2月，美国金融专家万塔亲自坐镇伦敦黄金交易市场，大肆做空黄金，抛售的黄金总量达200吨。

这下，国际黄金市场上金价暴跌，苏联最后换取外汇的资源也弄不到钱了，一个庞大的帝国至此奄奄一息。同时，陷入阿富汗战争泥沼不能自拔的苏联，在美元大幅提升利率的冲击下，也开始备受债务剧增的煎熬。任何一个国家，在巨大的债务面前，又找不到赚钱的方法，那接下来就只能在困顿中挣扎了。而普通的苏联老百姓，更是在严峻的经济形势下被折磨得苦不堪言。

为了打垮苏联，美国又千方百计地把本国繁荣的经济形势、富足的生活方式以媒体战和文化输出的方式展现在苏联人的面前，这极大地刺激了苏联人的神经。渐渐地，长期物质生活贫乏的苏联人的忍耐力终于达到了极限，面对部分干部的腐化生活、僵化的国家体制，以及落后的轻工业、农业水平，曾经信仰无比坚定的苏联人开始质疑自己国家的社会制度，开始迷失，最终丧失了辨别正确道路的能力。

“和平演变”的威力开始发挥作用了，美国人以输出生活方式的办法让苏联人开始相信自由主义市场经济、没有管制的金融市场以及让“看不见的手”发挥创造力才是美国富裕的强大基石。这些冠冕堂皇的理论，乍看起来确实非常有道理，而且很能迷惑人，问题的关键是，强权者和既得利益者不会以公平的方式来参与竞争。

就是在这样的信仰崩溃的氛围中，迷茫的苏联人又迎来了一位更迷茫的领航者——戈尔巴乔夫。无论从哪个方面看，戈尔巴乔夫都离社会主义体制下的领导人相差甚远，更像是个被美国人洗过脑的领袖。他上台后，且不论究竟从长远来判断他的所作所为到底是对还是错，但有一点可以确认无疑，那就是戈尔巴乔夫做的每一件事都符合美国人的迫切愿望——逐步放松了党的领导，解散了华约，最终解体苏联，而这些都是美国人梦寐以求了近半个世纪的事情。

一边是温情脉脉的“和平演变”，一边是冷酷无情的金融打压政策，最终彻底摧毁了这个强大的帝国，美国的左右手配合起来简直天衣无缝——大幅降低石油价格，最终降低到苏联出口就赔钱的地步；强迫从苏联进口石油的欧洲国家使用替代能源或者改变石油进口的路线，原本正在开工建设的西伯利亚到西欧的输油管道也中途夭折。这样一来，苏联真正陷入了绝境，为了维持庞大的军费支出以和美国进行“星球大战”，苏联把仅有的一点钱也投入了军事和航天领域，国力严重衰退到最后只能靠卖黄金度日了。

面对这样的局面，政治新手戈尔巴乔夫所领导的政府的财政赤字立刻变成了天文数字，要改变这种状况，号称强大的苏维埃除了加大钞票的发行量之外，也没有什么好的办法，而这又不可避免地引起了通货膨胀，导致物价上涨。

此时，汇率又开始发生作用了。卢布开始贬值，美元日益成为苏联人心中的硬通货。美国的金融杀手此时开始购买大量的卢布，等待最后一击——对苏联最大的威胁不是现在，而是将来。

不久后，因为多种原因，苏联最终解体，一个存在了70多年的大国分崩离析。

但是，不要以为苏联解体，美国就能接纳俄罗斯了。叶利钦这个肢解苏联的英雄，以为靠着自己的功劳就能成为美国的盟友，在美国人的帮助下，不说振兴俄罗斯，起码能挽救俄罗斯的经济。于是，在美国人主导的国际货币基金组织的指导下，开始了著名的“休克疗法”。

叶利钦的想法很天真，以为让俄罗斯经济昏迷一段时间，再醒过来时，就能融入西方经济的体系之中了。但美国人的战略意图是，纸老虎也是老虎，只有戳破了才算彻底放心。

于是，在叶利钦的改革进入攻坚阶段，最需要钱的时候，国际货币基金组织却苦着脸说，对不起，地主家也没余粮呀！这样一来，导致俄罗斯的GDP一下子损失了一半，俄罗斯再也无法和美国争雄了，而美元的地位却因此更加巩固。

（三）欧洲大陆的攻防战

美国要制服苏联，把自己的西欧盟友也绑在了一起，但西欧是个资源缺乏地区，跟美国在一起打石油美元战役，自己也遭受了严重的损失，其中通货膨胀问题成为每一个西欧国家最头疼的问题。到了20世纪70年代，德国和法国想着不能再这样被美元控制了，于是决定趁着美苏争霸的机会，在欧洲建立起属于欧洲的货币体系。

本来，美国是绝不会让自己的盟友有这种想法的，毕竟，美元稳坐老大之位才能让美国享尽经济上的好处。但由于在和苏联相斗时被缠住了手脚，对欧洲也就放松了警惕。于是，德法两国对相关国家进行了说服工作，最后在1992年2月17日，欧共体12国外长和财长正式签署了《马斯特里赫特条约》，决定发行统一的货币欧元，初步完成了欧洲范围内的货币统一工作。

条约规定了统一的欧洲货币产生的步骤。首先，对当时就已经存在的欢洲汇率机制进行强化，实现资本能在欧洲范围内自由流通；然后是建立一个统一的欧洲货币机构，主要职责是协调欧洲各国之间的货币政策；最后，就是建立统一的货币欧元了。如果这个计划能顺利实施，那么，欧元在未来就有可能同美元一争高下了。

但是，在当时的欧洲，各国之间的经济发展是不平衡的，德国正处于经济发展的高峰，是欧洲经济的老大，掌握着话语权；而英国却处于经济衰退之中；而意大利就更不用说了，简直就不值得一提。所以，当时的欧洲还是想着如何发展经济的国家占多数。

要想统一欧洲的货币，就必须得到几个重要国家的支持，尤其是得到英国的支持。但英国地处欧洲大陆之外，不愿意欧洲大陆统一。当时的英国首相撒切尔就是这种态度，在出席欧洲会议时，凡是有关建立统一的主张，就投反对票。但她在欧洲其他国家却不得人心，甚至连英国人都看不下去了。

在这种情况下，英国保守党把撒切尔赶下了台，使得对欧洲统一不那么讨厌的梅杰上台。这样一来，在欧洲货币统一的进程中就少了一个阻力。但梅杰虽然是亲欧派，但也不敢满足亲欧派的全部要求，因为当时活跃在伦敦金融城的金融家们势力非常强大，如果触动了他们的利益，那梅杰也是混不下去的。所以，梅杰提出，英国可以加入统一的欧洲汇率机制，但依然要保留英镑，不用欧元。同时，英格兰银行的独立性也要继续保持。

虽然梅杰在这个问题上表现得非常谨慎，但金融这个老大难的问题，不是谨慎就能应付的。当时，英国的经济十分不景气，而且英镑还必须紧钉马克等欧洲主要货币，这就等于高估了英镑的价值。而此时英镑已经加入了欧洲汇率机制，那就由不得它单独浮动，只能在一定的范围内进行浮动。如果超出了限定范围，那么欧洲各国的央行就可以采取行动，以买卖本国货币的形式来让本国货币的汇率保持稳定。

这样一来，英镑空有劲儿却使不出来，再也难以恢复以前的实力。这让英国感到十分憋屈。因此，英国要求德国降低马克的利率，以减轻英镑的升值压力。但德国人正为统一后的建设找资金，降低利率等于把外资赶走，自然不能做。于是，就建议英镑自己贬值。英国当然不同意，于是，英镑就走向了低谷。

在金融界，一方的危机对于另一方来说，就是赚钱的机遇了。英镑遭遇的麻烦，被美国人索罗斯看在了眼里。

此时，世界发展已经进入了一个新的时代，冷战已经随着苏联的瓦解而结束，国家与国家之间的对抗已经不再是国际政治的主要任务。对于美国人来说，利用国家打下的美元地位，而在世界各地进行投机获利的黄金时代已经来临了。这些投机客所考虑的是个人利益，至于所要打击的对手是盟国还是敌国，就不重要了。在他们眼里始终只有一样东西，那就是金钱。

索罗斯早在《马斯特里赫特条约》签订之时已预见到欧洲汇率体系的建立不会是一帆风顺的，虽然欧洲精英分子心里有一个统一欧洲的梦想，但要把梦想变成现实，不是签订一个条约就能完成的。否则，雄才大略如拿破仑，不也败在了统一欧洲的路上了吗？

所以，索罗斯认为，在统一的欧洲汇率面前，各国会由于各自的经济实力以及各自的国家利益存在着差异，而很难保持协调一致。一旦构成欧洲汇率体系的一些“链条”出现松动，世界各地的投机者便会乘虚而入，对这些松动的“链条”发起进攻，而其他的潮流追随者也会闻风行动，使得汇率摇摆不定。最终，对追风机制的依靠比市场接纳它们的容量大得多，整个根基不扎实的汇率体制将被摧毁。

果然，在《马斯特里赫特条约》签订不到一年的时间里，一些欧洲国家就开始为各自的经济发展吵架了。本来为了在冷战期间获取优势，西欧各国都付出了很大的代价，现在苏联都解体了，还不让本国人过轻松的好日子，以后怎么办？于是，相互之间为了利益而吵得一塌糊涂，由此便很难协调各自的经济政策了。

英国经济长期陷入低迷，要想刺激经济，就得促使本国人多花钱，那么英国就不可能维持高利率的政策，唯一可行的方法就是降低利率。但假如德国的利率不下调，英国单方面下调利率，那么英国的资本就会流向德国，去追逐德国的高利息收入。

但问题在于英国加入欧洲统一汇率时英镑被高估了，虽然英国老百姓拿着英镑可以买到更多的东西，但政府却出现了赤字。对于这一点，英国政府自然知道是怎么回事，但在加入欧洲统一汇率时，英国政府已经向本国人民保证维持英镑的汇率，这个时候要让英镑贬值，那无疑是要大失民心了。

所以，为了这个承诺，英国政府就必须在 1 英镑跌到兑换 2.25 马克时买入英镑来保证汇率不下跌，而市场动向也表明所有人都相信这一点。但索罗斯不相信。

此时此刻，索罗斯及其他一些投机者在过去的几个月里不断扩大头寸的规模，为狙击英镑做准备。

随着时间的推移，英国政府维持高利率的经济政策受到越来越大的压力，便请求德国联邦银行降低利率，但德国联邦银行担心降息会导致国内的通货膨胀并有可能引发经济崩溃，所以拒绝了英国降息的请求。

德国人不仅拒绝了英国要求降低德国利率的要求，还要英国政府宣布英镑贬值，德国央行的一些官员更是不断发表讲话，对英镑落井下石，动摇英镑固守汇率的根基。

1992 年 8 月 25 日，德国央行执委成员发表讲话，称欧洲汇率机制内部可能进行重新配置，话音一落，英镑马上开始走弱。半个多月后的 9 月 10 日，一位不具名的德国央行官员称，英镑的贬值将无法避免。于是，英镑马上开始跌落。

而要改变英国经济日益衰退的局面，就需要刺激出口，而英镑币值高，对出口是一个阻碍。因此，英国商界强烈要求英国政府将英镑贬值。同时，英国政府的高利率政策受到许多金融专家的质疑。

在 1992 年的整个夏季，英国的首相梅杰和财政大臣虽然在各种公开场合一再重申坚持现有政策不变，英国有能力将英镑留在欧洲汇率体系内，但索罗斯却深信英国不能保住它在欧洲汇率体系中的地位，英国政府这样做，只是虚张声势罢了。

此时，市场已经做出了反应，英镑对马克的比价在不断下跌，从 2.95 跌至 2.85，又从 2.85 跌至 2.7964。英国政府为了防止投机者使英镑对马克的比价低于欧洲汇率体系中所规定的下限 2.7780，就下令英格兰银行购入 33 亿英镑来干预市场。

但政府的干预所产生的效果并不大，这一切，使得索罗斯更加坚信自己以前对英镑的判断，他决定在危机凸显时出击。

令索罗斯下定决心的是时任德国央行行长施莱辛格的一番讲话，

施莱辛格对英国政府的顽固早就烦透了，他在接受《华尔街日报》和一家德国报纸采访时提出这样的要求：如果要直接引述他的话，那么内容必须得到他的审核，但如果间接引用，那么就不需要满足这样的要求。

结果，在9月16日，未经施莱辛格核实的讲话就见诸各报：德国央行行长施莱辛格并没有排除以下可能性，即便在欧洲汇率机制重新配置且德国降息之后，在法国全面公投之前，仍有1~2个币种可能将承压。他在采访中承认，已采取的行动当然没有完全解决问题。

当索罗斯和整个金融市场看到这则新闻后，都认为，英镑就是施莱辛格所说的“1~2个可能将承压”的币种之一。至此，英镑在劫难逃了。

1992年9月，投机者开始进攻欧洲汇率体系中那些疲软的货币，其中包括英镑、意大利里拉等。索罗斯及一些长期进行套汇经营的共同基金和跨国公司在市场上抛售疲软的欧洲货币，使得这些国家的中央银行不得不斥巨资来支持各自的货币价值。

英国政府见英镑汇率开始跌落，马上从国际银行组织借入200多亿资金，用来阻止英镑继续贬值。但这点钱根本就不管用，仅索罗斯一人在这场与英国政府的较量中就动用了100亿美元。索罗斯在这场豪赌中抛售了70亿美元的英镑，购入60亿美元坚挺的货币——马克。同时，索罗斯考虑到一个国家货币的贬值通常会使得该国股市上涨，又马上购入价值5亿美元的英国股票，并把手里的德国股票全部卖出。

在这场较量中，如果只是索罗斯一个人在战斗，那么，英国政府也许还有一丝赢的希望，但金融市场是许多国际炒家聚集的地方，风平浪静时都要造出谣言来兴风作浪，更何况现在有这么多因素对做空英镑进行推波助澜。因此，世界上许多投机者的参与使这较量的双方力量悬殊，注定了英国政府的失败。

索罗斯是这场“赌局”中赌注下得最大的赌徒。下完赌注，索罗斯开始等待。到了1992年9月中旬，危机终于爆发。市场上到处流传着意大利里拉即将贬值的谣言，里拉的抛盘大量涌出。9月13日，意大利政府宣布里拉贬值7%，虽然仍在欧洲汇率体系限定的浮动范围内，但情况看起来却异常悲观。这使索罗斯有充足的理由相信欧洲汇率体系中的一些成员国到最后肯定会吃不住劲，最终将不会允许欧洲汇率体系来决定本国货币的价值，这些国家将退出欧洲汇率体系。

1992年9月15日，索罗斯决定大量放空英镑。英镑对马克的比价一路下跌至2.80。虽有消息说英格兰银行购入了30亿英镑，但还是没能挡住英镑的跌势，这笔钱很明显地打了水漂。到傍晚收市时，英镑对马克的比价差不多已跌至欧洲汇率体系规定的下限。英镑已处于退出欧洲汇率体系的边缘。

英国财政大臣拉蒙特采取了各种措施来应付这场危机。首先，他再一次请求德国降低利率，但德国根本就不理他；无奈之下，他马上面见梅杰首相，告诉他自己已经没有办法阻止英镑下跌了。

梅杰问，怎么会没有办法？其目的就让他快点说出最后的办法。拉蒙特说唯一的办法就是将英国利率上调2%~12%，这样，高利率可能会吸引货币的回流，让英镑买盘回归。

然而在英国经济正处于衰退时期，用加息的方法就等于自杀。但现在不是首相说不行就不行了，就是上帝说不行也得行了。一个半小时后，拉蒙特又对首相说，你是想马上死还是想以后再死？不加息，英镑就完了，我们马上就死；加息还可以活几天，金融市场瞬息万变，说不定几天后那些炒家手里也没了钱，就不玩了呢。

于是，梅杰接受了这个建议。一天之中，英格兰银行两次提高利率，利率已高达15%。如此高的利率，在西方世界简直说是少有，但还是没能产生奇迹，英镑的汇率依然没能站在2.778的最低限上。

在这场捍卫英镑的行动中，英国政府动用了价值269亿美元的外汇储备，但最终还是遭至惨败，被迫退出欧洲汇率体系。英国人把1992年9月15日——退出欧洲汇率体系的日子称为“黑色星期三”。

英国政府败了，索罗斯成为这场袭击英镑行动中最大的赢家，被许多财经杂志称为“打垮了英格兰银行的人”。索罗斯从英镑空头交易中获利接近10亿美元，在英国、法国和德国的利率期货上的多头和意大利里拉上的空头交易使他的总利润高达20亿美元，其中，索罗斯个人收入为 1/3。在这一年，索罗斯的基金增长了 67.5%。

总结这场惊心动魄的汇率之战，可以看到，当英镑放弃钉住汇率制的瞬间，索罗斯就赢了，其控制的量子基金的规模从 150 亿美元跳增至 190 亿美元。几个月过后，量子基金的价值增长到了 220 亿美元。值得一说的是，量子基金是对冲基金，因此索罗斯和他的合伙人至少赚得了 70 亿美元增值幅度中的 20%，也就是 14 亿美元。仅此一役就能让索罗斯变身为世界上的超级富豪。

华尔街的一条不变的定理是，如果有朝一日你赚大了，那么肯定有人赔得更多。在这一过程中，索罗斯和其他对冲基金大赚，而倒霉的就是英国纳税人了。为此，《英国卫报》写道：英国央行前首席交易员吉姆·特罗特说这一天“昂贵得让人犯晕”，他表示，在英镑崩跌前后的 4 小时内，他买入的英镑金额比历史上任何人都要多。而当日他买入的所有英镑都已缩水，在政府最终熬不住了之后，央行的损失则进一步扩大。

在英国政府和索罗斯斗法的过程中，英镑不断缩水，而英国财政部始终不断地动用外汇储备来维持英镑的价值，央行所支付的英镑最终价值缩减了 1/4。据估计，这一动作也耗费了英国纳税人 330 亿英镑的财富，这些财富全都被以美国人为主的国际炒家赚走了。

对于政客们来说，将纳税人数亿美元资产消耗掉并不会让他们晚上失眠，毕竟这不是他们自己的钱，但是他们对于相关事件的政治影响十分在意。英国是一个民主国家，许多事情在很大程度上是民意说了算的。作为一个民选的政府，在对经济进行负责时，不能在同一天里大幅度地加息，因为此时正处于经济的衰退阶段，而同时又将汇率政策机制完全颠覆，肯定会给民众留下“政府其实不知道自己在做什么”的印象。

英国首相梅杰将加入欧洲汇率机制视为他的货币政策的核心组成部分，他的计划是将财政撙节计划带到英格兰，但这次在与索罗斯等人的汇率斗法中，梅杰所有的举措，显然毁掉了他的公信力。于是，选民在下一次选举中果断地将梅杰踢出局，一个帅气的年轻人，就这样黯然地离开了政治舞台，从此再也没有回来过。

事实证明，铁娘子撒切尔的看法是正确的，即在英国实力不具备当欧洲老大时就和欧洲其他国家掺和在一起，是危险的。而在这次汇率大战中，当对冲基金手头上的资本比央行还要雄厚的时候，英国也无力人为地保住英镑汇率。

在第一次正经的汇率大战中，英国人完败，导致以后说起统一汇率的事，英国人就回避。因此，当后来欧元风头正盛的时候，英国人抱着看热闹的心态，巴不得欧元出丑。后来，欧洲因为债务危机，欧元果真陷入困顿的时候，英国人第一个跳出来嚷着取消欧元，说什么欧元的设计在第一天就存在着问题，大有唯恐天下不乱的心思。

但是，时代不同了，欧洲统一的模式是几代欧洲人的追求，也是无数欧洲精英精心设计的成果。所有要出现的问题，都已经被欧洲精英想到了。所以，他们能有条不紊地处理这些难题。倒是一心想看到欧元崩溃的英国，成为了欧洲的一个另类。

1999年1月1日，欧元带着欧洲人的期望，终于面世了。欧元虽然是欧洲的货币，但不是所有的欧洲国家都使用它，而只是在德国、法国、奥地利等11个国家中正式使用。满打满算，还不到欧洲国家的1/4，即使从发达程度和富裕程度来看，也缺少了北欧如瑞士、瑞典等重量级的国家。

但是，欧元的诞生，在国际经济和金融界却是一件惊天动地的大事。欧洲人之所以如此热心地促使欧元诞生，是因为从经济利益上讲，统一的货币会给欧盟各国带来巨大的好处。

第一，欧盟自身的经济实力会得到显著的增强，竞争力也会得到提高。欧元区在国内生产总值和对外贸易这两个方面都将超过美国和日本，这样，在与美国和日本的竞争中，将处于一个非常有利的位置。

第二，因为货币统一了，欧盟内部的矛盾就会相对减少，能有效地防范金融风险，欧盟各国之间的交流会进一步融合。

第三，欧盟各国之间的交往和交易将会变得简单，成本也会随之降低。各国之间的商品流通与资金流动速度会加快，还能减少佣金和手续费。

第四，能促进消费和企业投资。

欧洲各国在和美国打交道时，已经饱尝了被美元压制和玩弄的苦果。而单个的欧盟国家很难有实力和美元进行对抗。现在有了欧元，众人拾柴火焰高，就能借助欧元来改变与美元对抗的不利局面。因为欧洲各国之间的相互开放程度比较高，汇率浮动的成本、风险和不确定性非常大。而另一方面，由于欧洲经济的整合不断加强，保持相对稳定的汇率对欧洲发展有很好的促进作用。而欧元的出现，使得欧洲摆脱了汇率过度浮动的弊端。

欧元的诞生，也让世界经济领域出现了新的积极现象。首先，有了欧元这一强大的货币，世界各国在进行货币交易时，可以不必死抱着美元了，这样就使得美国不能再随心所欲地用不负责任的财政政策或货币政策来搜刮世界财富了。其次，欧元的诞生可以让现存的货币体系得到改变，并为未来的国际货币体系带来新的演变思路。

欧元的诞生虽然积极面广，但和美元相比，弱势也是很明显的，如缺乏一个强有力的中央政府做后盾。欧元区国家实力相差比较大，其资本市场也远不如美国发达。同时，欧元区国家间的财政政策和就业环境也有很大的差别，相互间的流动还存在着障碍。

但不管怎样，欧元改变了现有国际金融体系的格局，其进步意义是显而易见的。同时，欧元对中国调整国际货币政策带来了许多新思维。

（四）《广场协议》和《卢浮宫协议》

日本作为一个战败国，本应该被打入万劫不复的境地，但机缘巧合之下，在美国的扶持下经济飞速发展，不仅通过价廉物美的商品在国际市场上抢占了低端商品的份额，还在钢铁、汽车制造、家电等行业中占有十分重要的地位。日本凭借产品价格和质量的优势，经过一段时间的发展，国力得到了提升，从一个穷国变成了一个富国，并成了债权国。

日本开始在海外大量收购产业，而首选对象就是美国。对于美国，日本有一种说不出的感情。一方面，日本感谢美国使日本变成了一个现代国家，在亚洲排名第一；另一方面，日本又怨恨美国处处掐着自己，妨碍自己成为世界老大。

在这样一种心态下，日本把在美国置业当作一种对美国的报复，凡是美国有名的地产，日本统统出资收购，连价钱都不问。就这样，连美国富有的标志洛克菲勒中心以及号称“美国灵魂”的哥伦比亚电影公司、美国环球影业公司都被日本公司收入囊中。

日本人不但收购美国的产业，还不断地恶心美国人，说什么第二次世界大战中美国人凭借原子弹占领了日本，而现在日本人凭借美元占领了美国，这让美国人更增加了对日本的厌恶情绪。

美国在和日本的竞争中处于劣势，原因在于此时美国正在和苏联争霸，没有一心一意搞建设，所以经济有所下滑，与日本的贸易逆差达到了创纪录的1000亿美元。日本的咄咄逼人，让美国感受到了威胁，觉得应该教训一下日本了。

美国对日本进行反击并不需要多做预备，因为日本本来就在美国的控制之下。所以，在1985年9月，美国和日本签订了《广场协议》，要求日元对美元升值，同时，还采取了一系列的措施限制日本产品的出口，如禁止日本的9种钢材进入美国市场。另外，美国还要求日本改变经济结构，扩大国内消费。在美国的逼迫下，日本不得不降低利率，加大国内建设。

《广场协议》签订前，其内容就已经被透露出去了。西方投机者知道日元要升值，就提前用美元兑换成日元，这样一来，国际热钱纷纷涌入了日本，而日本单方面的升值行动，又刺激了更多的热钱涌入日本。

有时钱多了，并不是一件好事，一下子使得日本经济陷入了恶性循环之中，即升值预期吸引国际热钱涌入，促使日元升值，汇率走高，而这又反过来再吸引国际热钱过来。这样循环，使得日元汇率不断走高。到1987年，日元汇率已经上升到127日元兑换1美元。

从国际贸易的常识来看，一国货币汇率升高，对出口贸易影响很大，会导致产品在国际市场上的销售价格提升，出口成本增加。日本是外向型经济，以出口贸易为主。日元汇率升高，使得企业出口利润下降。因此，日本制造业一下子从盈利变成亏损，企业的经营也出现了困难。

与此同时，日本为了刺激内需，又开始大幅降低利率，并给予房地产行业很多优惠政策，再加上国际热钱涌入，使得房地产行业和股票市场成为投资对象。于是，日本经济开始出现过度膨胀，尤其是房屋价格不断攀升、股票上涨。

而日本企业这时候因为不景气，也开始把炒股和买卖房地产作为利润来源，当股价和地产被炒起来后，又吸引了大量的日本老百姓进入。据统计，当时有过半的日本家庭进入了股票市场。于是，日本经济的泡沫被吹了起来，随时都有破灭的危险。

到了90年代，日本的泡沫经济终于开始破灭，股价和地价急速走低，国内消费萎缩，大量企业倒闭，金融机构也陷入了困境。在这个时候，本应该是日元走低的时候，但恰恰相反，日元依然在升值。

首先是美国跳出来说日元强势有利于美国经济走强。于是，美元开始下跌，到了1993年，1美元竟然只兑换100日元。这下，日本经济越来越衰败，资本纷纷撤离，失业率上升，开始陷入长达20多年的萧条之中。

日本在反思的过程中，把陷入经济萧条的窘境归罪于《广场协议》，说这是美国的一个阴谋。事实真的如此吗？要知道，从日本经济腾飞到签订《广场协议》，然后到90年代日本股市和地产暴跌，这其间经历了近40年，美国总统都换了好几届了。在这么长的时间内，美国还能秘密布局，“宰杀”日本，那就不是人而是“上帝”了。

因此，所谓“阴谋论”，是完全站不住脚的，相反，种种迹象表明，是日本主动签署《广场协议》的。

本来，签署《广场协议》的不只是日本和美国两家，而是当时世界上最主要的五个经济实体——美国、日本、联邦德国、英国和法国。除了日本外，其余的国家都是欧美国家。对于日本这样的岛国来说，能和欧美强国坐在一起商讨有关日元的问题，本身就是一种荣誉，高兴还来不及，哪里还会想到其余的。

《广场协议》签订的几个小时后，由于协议的内容早就泄露了，所以美元马上应声下跌，日元上涨。这种状况持续的时间长达两年，没有停止的迹象。可以说，这也不是美国人愿意看到的。所以，为了阻止美元继续下跌，5个国家又不得不坐下来，商讨如何阻止美元下滑，最后又签订了《卢浮宫协议》。

《广场协议》签订后，日本经济陷入停滞。但是，将日本“失落十年”归咎于《广场协议》并不是很有说服力。

受汇率变动影响最大的并非产品的输出、输入，这只是一个现象而已，重要的是资本趋利而流动，以及与之相应的财富效应。日本经济从《广场协议》中受到的最大影响，也是后者。

在今天的国际货币市场上，应该没有人真的相信政府具有干预国际货币市场的能力，因为政府所掌握的资源也不是无穷尽的，在控制市场价格方面往往是有心而无力。即使是在20世纪80年代，相对于国际货币市场上的巨大交易额来说，参与《广场协议》的五国政府通过政府行政力量所能调用来执行公开操作的资金也是有数的，这个数目和国际游资相比，几乎“一眨眼就会被市场吞掉”。用经济学泰斗萨缪尔森的经典比喻来说，正如“人类最伟大的王，也无力改变大海中的洋流”一样，政府想随心所欲地干预国际货币市场，是难以实现的。更何况，与会五国在《广场协议》上所承诺的种种政策，特别是与国内金融、财政政策挂钩的那些措施，其实也没有得到实质性的贯彻和实施。

实际上，在《广场协议》之后相当长一段时间内，日本依然保持着对美国的贸易顺差，而且数额反而大幅增加了。阴谋论的说法是美国逼迫日元升值，就是想让美国商品打入日本的市场，但日元升值并没有让美国商品占据日本市场，因为美国本土产品与日本产品之间的差异性非常大，形不成价格竞争。即使在泡沫经济崩溃后，日本经济陷入停顿，也没有任何证据证明，日本产品无论是电器、汽车，还是中间机械产品，在国际市场上因为日元升值而失去了国际竞争力。因此，就减少美国对日的贸易赤字这一目标来说，《广场协议》是没有起到什么作用的。

其实，这种现象是非常正常的。首先，由于美元大幅贬值、日元升值，那购买同样一种日本制造的产品所耗费的美元肯定要多，由此，美国在对日贸易中即使进口货物数量保持不变，那么，也肯定要掏出比以前多得多的美元来，于是，贸易逆差自然就会扩大。其次，国际贸易是一个复杂的体系，其牵涉到的不仅仅是经济因素，还包括消费者的使用习惯。对于销售商来说，这么多年来卖日本产品都在赚钱，猛地要改变卖价格贵的美国产品，也是一种冒险，而且消费者还不一定接受。所以，美元对日元贬值后，并不会对美国的贸易逆差以及制造业所面临的生产下滑问题的解决起到立竿见影的调控效果。

有一个未经证实的说法是，主动提议召开这次广场会议的其实是当时的日本藏相竹下登，此人后来还担任了日本首相，而参与谈判的美国国务卿贝克只是选择了具体的会议地点。1995年，竹下登本人承认了这个事实。

关于竹下登主动参与筹备广场会议的一个佐证是会议召开的时间——1985年9月22日。选择星期日公布重大消息是各国政府的一个惯例，因为这个时候金融市场休市，这时候宣布消息可以减少震荡，给市场以充分的反应时间。而第二天即9月23日是农历的秋分，是日本的公休日，而欧美却是不休息的。

据参加广场会议的当时的日本大藏省财务官大场智满回忆，当时代表德国参加会议的是德中央银行总裁培尔。他以为日本是《广场协议》之后第一个面对市场的国家，因为东京外汇市场在最东边的时区，这样德国还有时间根据市场反应做出调整。后来得知23日是日本的公休日，于是，德国就成为第一个开始营业的市场，所有的风险都从它开始了。培尔还因此不高兴，认为落入了日本预先设下的陷阱。

其实，即使竹下登没有主动提议召开广场会议，他在这次会议上也是最受关注的一位。有一个细节是，在与会国的G5之中，媒体特别把美国和日本称为“G2”，是最特别的两个国家。

广场会议前后围绕竹下登有很多的小插曲。比如，会议之前为了保密，竹下登在赴美之前先与人约好在成田机场附近的高尔夫球场打球，把记者吸引到那里去之后，自己却直奔机场，穿着一身高尔夫球衣就上了飞机。同机的日本中央银行总裁则戴了一副大口罩，以防止被媒体辨认出来。在协议发表后的记者招待会上，有记者提问："日本为什么会容忍日元升值？"竹下登的回答是："因为我的名字叫'登'啊。"在日语中，"登"与"升"同音。

由此可见，与其说《广场协议》是美国人打了日本人的耳光，还不如说是日本人蓄谋已久了，是日本人希望日元升值。至于目的是什么，就不得而知了。

如果说《广场协议》对日本经济影响有限，也是不准确的，因为接下来发生的影响日本经济的大事，也正是因为《广场协议》所带来的便利造成的。

《广场协议》之后，单从美国人想让美元贬值的目的来说，美国政府可以举杯庆贺了，不过美国老百姓却依然失望，因为他们所期待的减轻贸易逆差、增加就业的结果并没有出现，美国逆差、日本顺差的格局与《广场协议》之前一样，相反，美国人买日本商品，还要多花钱。

这样的后果，难道美国人事先没有想到吗？都说美国人数学不好，但这种类似于"1+1 等于几"的问题，美国人是根本不需要动脑子的。虽然在那个时代，世界各国政府都把解决贸易赤字当作头等大事，因为出口问题不但影响民族自信心，而且大量进口会削弱本国产品的竞争力，导致制造业的转移和工人大量失业。但是，对于美国的金融财团和美国政府来说，贸易赤字的效果所起的作用是不一样的。因此，他们不但不怕贸易赤字，而且还把赤字当作他们奴役世界经济的最大武器。因为，他们手里掌握着美元，汇率就是他们引爆世界经济战争的核弹。在他们眼里，美元贬值可以大量稀释。因为滥印美元导致的通货膨胀，在某种程度上也会促进世界对美元的需求。如果放弃了贸易和财政的双赤字，那么美元输出也就不存在了。抛弃了美元霸权，美元将不再是世界主要商品的定价货币，贸易结算也不会以美元为结算单位，由此引发的后果，就是美元体系的瓦解和美国真正走向衰落。所以，归根结底，美元是美国最好的出口产品，这就决定了美国的贸易赤字在当前的贸易体系之下，必须长期存在，是永远都不会被更改的。

《广场协议》之后，尽管美元对日元等非美元货币大幅度贬值，但由于美国政府认为目的已经达到，所以未能采取有效措施对自身的财政状况进行有效的改善。而且，货币贬值还存在着"J曲线效应"，即本国货币贬值后，最初发生的情况与预期的正好相反，经常项目收支状况不仅不会好转，反而会比原先恶化，导致进口增加而出口减少。其原因在于最初的一段时期内由于消费和生产行为的"粘性作用"，进口和出口的贸易量还是会依照惯性发展，出现的变化不大，但由于汇率已经出现了改变，以外国货币计价的出口收入相对减少，以本国货币计价的进口支出相对增加，从而造成经常项目收支逆差增加或是顺差减少。

在《广场协议》之后两年多的时间里，美国对外贸易逆差依然没有任何改善，相反还在继续恶化。1987年，美国贸易赤字达1680亿美元，占GDP的3.6%，其中，3/4的赤字来自于日本和西德的经常项目盈余。

美国贸易收支状况恶化和外债的急剧增加，使得外资不看好美国，导致外资向美国的流入减少，市场对美元的信心也开始出现不足。于是，美国与日本和西德之间又出现了贸易摩擦。继续让美元贬值就没有什么好处了。

同时，受日元和马克升值的影响，日本和西德的外贸出口也出现了下滑，经济增长率开始呈下降趋势。日本经济增长率从1985年的4.2%下降到1986年的3.1%，西德经济增长率在1985~1987年则一直在2%左右徘徊。此外，日本和西德对美国也是一肚子怨气，因为美国又没有按照协定办事，没有削减政府的赤字。

美元大幅度过快贬值也引起了国际外汇市场和世界经济的较大震荡，这引起了主要发达工业化国家的忧虑，毕竟，这些国家掌握着一定数量的美元，美元贬值就意味着以前的贸易白干了。所以，他们希望保持美元汇率基本稳定，这有利于世界各国共同发展。

当时，美国可以通过选择提高国内利率的办法吸引国际资本流入，减缓美元过速贬值。但是，美国人却有自己的小算盘，他们从来不考虑这样做对世界经济的影响，只担心提高利率会给国内经济带来负面影响，进而引发更大规模的萧条。所以，对于世界各国保持美元汇率稳定的要求完全不理，相反，更希望日本和西德压低利率，最好大家一起倒霉。所以，当这种损人不利己的《广场协议》开始在世界范围内遭到抵制时，美国也必须做出进一步的表态了。

为了稳定国际外汇市场，阻止美元汇率过多过快下滑，需要通过国际协调解决发达国家面临的政策难题。1987 年 2 月，美国发出倡议，把 G7 国家财长和中央银行行长召集到巴黎，商讨解决美元疲软的问题。最后，各国在卢浮宫达成协议，一致同意 G7 国家要在国内宏观政策和外汇市场干预两方面加强“紧密协调合作”，保持美元汇率在当时水平上的基本稳定。此次会议协议史称《卢浮宫协议》。

《卢浮宫协议》强调 G7 国家加强“紧密协调合作”，对维护美元汇率稳定和世界经济协同发展有着无比的重要性，这等于还是承认了美元的老大地位，让美国十分受用。同时，G7 国家还强调全球更加平衡的经济增长在促进国际外汇收支平衡中具有中心作用，实际是指美国的贸易伙伴加快经济增长可以帮助解决美国国际收支不平衡的问题。

协议主要约定包括：日本和西德等实施刺激内需计划，美国进一步削减财政赤字；G7 国家加强外汇市场干预协调，秘密保持美元对日元和马克汇率的非正式浮动区，如果汇率波动超出预期目标 5%，各国要加强合作干预；等等。《卢浮宫协议》签订后，国际主要货币汇率在近两年的时间里保持基本稳定，没有发生太大动荡。

虽然签订了《卢浮宫协议》，但并不能说签了《广场协议》的日本就安全了。我们不能确认《广场协议》是美国进行策划的阴谋论，但我们可以肯定《广场协议》是美国最终打击日本经济的最有效的武器。可以说，《广场协议》提高了日元的地位，毕竟，日元对美元的汇率上升了，但随后的汇率隐患，日本人没有发现，但美国人却开始关注日元和日本经济，准备抓住机会，对日本发动进攻了。

《广场协议》签订后，美国人并没有满足于美元贬值的收获。在美国人看来，如果日本经济没有遭到重大的挫折，那日本在亚洲乃至世界上的话语权会继续加强，而坚挺的日元也会如同此时正在酝酿中的欧元一样，对美元的地位产生相当程度上的威胁。对于这个后果，美国人是绝对不会接受的。因此，找机会对日本经济进行打击，将日本经济对自身的威胁减少至可以忽略不计，才是美国这次汇率战争的终极目的。哪怕日本是自己的盟友和跟班，也不会因此手软。

在《广场协议》签署后的三年内，为了应对日元的升值对国内出口产业的可能打击，日本银行连续 5 次下调再贴现率，从 1986 年 1 月的 5% 降至 1987 年 2 月的 2.5%。目的很简单，就是不要大家往银行里存钱了，汇率涨了，大家快花钱吧。这样，就可以通过增加投资和消费扩大内需。

由于日本政府所推行的积极的财政刺激政策，再加上日元币值稳步上升，日本经济就如同打了兴奋剂一样，开始发飙。在国际投资者的眼中，投资日本的证券市场几乎是个稳赚不赔的买卖。同时，由于日元的升值，日本制造业的成本开始大幅上升，价格上涨使得日本产品的竞争力开始下降，在全球范围内，日本还是损失了一定数量的订单，想依靠提价挽回损失，是不现实的。

在这样的背景下，为了寻找新的盈利项目，弥补亏空，日本企业发现累死累活去生产远不如炒股、炒地皮来钱快，于是纷纷从银行低息贷款炒股票。这样，就更加刺激了股市上扬。

股票疯涨使得日本银行实力纷纷壮大，到 1988 年，按规模算，日本银行已经占据了世界银行业的头 10 把交椅。而美国金融财团也裹挟着巨额游资进入了日本的房地产和股票市场。于是，在国际资本、美国资本和日本本国资本的三方合力下，世界经济史上最大规模的泡沫经济诞生了。

1988 年时，东京股票市场已经比 1985 年翻了三番，而房地产泡沫更是让人瞠目结舌。当时东京 23 个区的地价总和甚至达到了可以购买美国全部国土的水平，而且，所有的投资者都认为“土地是不会贬值的”。于是，投资者不断以升值的土地为担保，向银行大量贷款，然后再去炒股票。而银行也是来者不拒，借多少就给多少，地价上升也使得土地所有者的账面财产大幅增加，银行业也更加兴旺发达。大家都是有钱人，一个赛一个地去花钱。

到了 1989 年，日本股市达到了历史巅峰，日经指数冲到了

8915点。不过，炒过股票的人都知道，股票市场其实是一种另类的赌博，信心对于股市的作用是举足轻重的。此时，寻常炒股的手段已经无法满足日本人和日本股市了，需要一种新的玩法才能让日本人下赌注去赌一把。

此时，美国金融财团出手了。《广场协议》的签署，让日本经济出现了前所未有的变化，而股市和楼市的火爆，也让美国人觉得意外。但更让他们意外的是，他们发明的一种新玩法竟然被日本人毫不犹豫地接受了。

这种新玩法就是"股指认沽期权"。通俗地讲，就是一种赌股市上的公司未来股票价格走势的产品。简单地做个比喻，跟赌场中的押大押小一个道理。就在日本股市达到前所未有的高点的时候，国际金融财团控制的摩根士丹利和所罗兄弟公司等一批投资银行携带这种新型的金融产品来到了东京的股票市场，与当时实力雄厚的日本保险公司展开了交易。严格来说，就是赌博。美国人跟日本人说，如果未来日本股市上涨，我们就赔钱；如果日本股市下跌，你们就赔钱，赌不赌？

日本人看着美国人开出的赌注，简直笑得合不拢嘴了，认为美国人是来给日本人送钱了。因为在1990年的新年伊始，《日本经济新闻》组织了个访谈，让20位著名企业家进行股市预测，大家一致乐观地认为，1990年的股指将继续上冲2000~8000点。日本金融界认为这是美国人送的大礼。

日本人轻视美国人的另一个原因是年龄优势，当时日本的金融界人士都是年龄比较大的，而美国来日本出主意的金融界人士都是年轻人，这样年龄的人在日本金融界也就是端水送茶和抄抄写写的角色，谈判时只能在外面待着。所以，日本人认为这些美国人太年轻，凭自己的年龄和见识就能把他们玩得团团转。

于是，日本人大量购入了美国的这种最新的金融产品。但精明的日本人却没有料到，美国人不是一个人在战斗，而是把全世界的金融财团都拉了进来，要结结实实地给日本人上一堂金融课。美国金融财团通过丹麦政府来做担保，承诺只要购买了“日经指数认沽权证”的人，在日本股市下跌的时候，就会得到丰厚的回报。这么一造势，使得这个赌局越做越大，非但日本的公司、个人，甚至全世界的投资家都参与了进来。一帮赌徒为此兴奋不已，就等着开盘兑现那一天的到来。

此时的日本经济实际已经岌岌可危了，就像过山车到了顶点，接下来就是急速往下冲了。由于日本的房地产市场持续过热已经很长一段时间了，日本各大城市的房价也已是天价，让普通百姓难以承受，即使不符合日本人居住习惯的集体住宅，对大部分的普通劳动者来说，想买也是买不起的。

于是，日本民众开始了迁移运动，从城里往郊区搬家，导致民怨沸腾，间接导致了日本的住宅建筑业的衰退。而由于地价过高，日本的企业也拿不出钱来买地皮建厂房，使得生产规模无法扩大，同时也影响了政府对于公共事业的投资建设成本。

此时，日本政府也觉得经济过热不是什么好事，想着该给经济降温，泼点冷水了。于是，政府开始提高利率，并严格控制土地金融的总量，这一系列的举措对敏感的股市产生了影响，以前浓厚的看多情绪马上变成了看空。与此同时，国际金融界看空日本股市的气氛也越来越浓重。终于，内外夹攻，人们的心理防线再也绷不住了。

1990 年 4 月 2 日，日经平均指数下挫至 28002.07 点，比 1989 年末的最高值下降了 28.05%；1990 年 10 月 1 日，又降至 20221.86 点。至此，股市总市值消失了 270 万亿日元以上。股市的下跌使得投资者信心大失，国内债券市场也开始出现恐慌，潜伏在日本境内进行投资的国际金融财团的游资此时也开始大规模撤出日本市场，抛售股票、债券的资金迅速逃离日本，日本金融市场陷入了股票、债券与日元三重贬值的混乱之中。

股市和楼市是紧密联系在一起的，股市垮了，楼市也好不到哪去。1990 年秋季，日本房地产也开始暴跌。当年，六大城市的房地产价格就下降了 15% ~ 20%。房地产价格的暴跌导致大量不动产企业及关联企业破产。紧接着，由土地做担保的贷款也出现了极大风险，地价下跌，银行以前以土地作为担保的贷款此时都成了巨额不良债权，日本金融界遭受了严重的打击。

这一波又一波的连锁反应，最终让信心满满的日本人血本无归。到 2003 年 4 月，日本股市最低跌至 7607 点。累计跌幅高达 63.24%，创造了日本股市历史上最大的下跌幅度。整个日本社会的财富因此缩水了近一半，而那一半的钱，无疑是让以美国为首的投资者拿走了。可以说，这一场股灾几乎将日本数年间积累的财富毁灭殆尽。

日本人吉川元忠在《金融战败》一书中认为，如果按照财富损失的比例来衡量，日本1990年经济衰退的后果几乎和第二次世界大战中战败的后果相当。从此，日本走上了持续十几年的经济低迷之路。

虽然日本在随后的岁月里，通过对产业结构不断进行调整，在管理上追求精益求精，使得日本依然是一个经济大国，社会也没有出现什么动荡，但事实胜于雄辩，日本经济依然在低谷徘徊，再也没能恢复到20世纪80年代末的水平。在高速发展了30多年后，经此一役，积累起来的与美国叫板的自信心也丧失殆尽。再想依靠财力摆脱美国的控制，只能说是痴人说梦。从此，日本对美国的依赖进一步加深，再也无法对美国构成威胁了。

我们已经分析了《广场协议》不是美国为打垮日本而设计的阴谋。毕竟，这个时间段过长，政府人员变动大，更不要说人员、资本流动性更加频繁的金融界了，真有什么隐藏的阴谋，也不可能维持这么长的时间。但是，汇率的武器在这场动荡中的作用非常明显，也让人们看到了它的威力。日元升值，让日本人高兴过，也让日本人实实在在地在一段时间内过了一把瘾，但真正笑到最后的还是精明的美国人。

（五）汇率利器扫荡亚洲

日本和美国签订了协议，允许日元升值，看上去日本人似乎都有钱了，但现实并不是这样。毕竟，经济发展是一件牵扯很广的复杂事情，而货币升值、贬值只是一种调节手段而已。日本在日元升值后，经济不但陷入停滞，还导致一场浩劫。

亚洲经济最发达的日本都逃不过汇率的打击，那么其他正处在发展中的国家又如何呢？20 世纪 90 年代的东南亚金融危机事件表明，结果都是一样的！而利用汇率这一武器发起汇率战争的依然是那位美国金融大鳄索罗斯。

索罗斯的成名之作就是成功狙击了英镑。这位在钱海里手眼通天的人物似乎就是要和钱过不去。当然，这个“过不去”不是把钱不当钱，而是太把钱当钱。他生活的目的就是为了赚钱，而且是为了大量地赚钱。索罗斯赚钱的方式不是做贸易，而是以汇率为武器，以钱赚钱。在赚钱的范围选择上，索罗斯又是无国界的，哪个地方有钱，他就去哪个地方赚钱，这可以说是赚钱的最高境界了。

而真正让索罗斯成为人人闻之丧胆的金融大鳄的，则是由于他在东南亚掀起的金融风暴。

1997 年爆发的东南亚金融危机至今耐人寻味，当时的亚洲各国经济都在蓬勃发展，除中国外，东南亚成为新兴市场，进出口贸易迅猛发展，各国国力都迅猛增强。风头正劲的“亚洲四小虎”就是指这一地区的泰国、马来西亚、印度尼西亚和菲律宾。就像 20 世纪80年代的“亚洲四小龙”一样，在20世纪90年代，以这四个国家为代表的东南亚各国经济表现出了旺盛的生命力，发展势头强劲。按常理，这出口迅猛增长、外汇储备逐年增加的良好发展势头，应该是好日子的开始，却在这个时候发生了让人无法理解的严重的席卷亚洲各国的金融危机。

对于纷繁复杂的经济问题，金融大鳄索罗斯无疑最有发言权。这个动辄调动成百上千亿美元的金融刺客，其实是一个很清闲的人，每周用于工作的时间从不到30个小时，也就是一天工作时间不到5小时，比起那些每天工作超过10小时的华尔街的基金经理来说，索罗斯简直就是在享受生活了。

索罗斯以一个战略投资家的身份告诫人们，要想搞明白经济问题，分析经济发展趋势，抓住战机，就必须跳出固定思维模式，用整体的目光去看待经济。

从20世纪70年代开始，东南亚国家利用比较资源优势在政府主导下大力发展民族经济。而出于遏制以苏联、中国为首的社会主义阵营的目的，围绕着中国疆域，美国依仗强大的经济实力，在亚太地区构建了一个资本主义国家的统一战线。所以，出于冷战的需要，美国为东南亚国家提供了不可多得的安全条件，并且从全球经济战略利益考虑，加大了对东南亚地区的投资，在贸易和金融服务等领域与之进行广泛的发展与合作。到1995年以前，美国是东南亚地区最大的投资者、债权人和贸易伙伴。双边关系如同热恋中的情人，从经济到军事，交流和合作无处不在。美国借助东南亚加强了在亚洲的经济控制和军事存在，而同时，东南亚地区的民族经济也得到了较大发展，成为世界经济中耀眼的亮点。

“没有永远的朋友，也没有永远的敌人，只有永远的利益。”英国前外交大臣杰弗里豪这句冷冰冰的名言每每用无可辩驳的事实，让善良的人们哑口无言。冷战结束后，世界上再没有一个政治和军事大国可以影响美国的安全，动摇美元的地位。从此，美国把“经济安全作为国家安全和对外政策的首选目标”，东南亚地区不再作为两极对抗的前沿阵地。同时，随着东南亚国家民族经济的迅速发展和民族自主意识的逐渐增强，也不再甘心唯命是从，东盟国家通过内部协调机制以及东盟地区论坛等方式来对冲美国在该地区的强大影响。

如果说冷战时期东南亚的繁荣是符合美国利益的，那么冷战结束后逐渐崛起的东南亚已不再符合美国的利益。更何况，从地缘政治的角度来说，打击东南亚，可以进一步打击日元的区域优势，同时避免处于经济高速增长期的中国日后将东南亚变成自己的后院。而从一次次的经济危机中，我们早已得知，一次成功的汇率战争，可以有效地将一国经济摧毁，且更有利于美国向被攻击国推销新自由主义经济制度，还可以向被攻击国强加各种条件，使其进一步开放金融市场，纳入以美国为中心的“全球化封贡体系”。

于是，在这样的背景下，以美国为策源地的金融刺客携带大量游资开始了新一轮的征伐。

发展中国家一般都会采用钉住美元的汇率制度，其中以东南亚各国为甚，因为美元能带来的好处最直接。泰国是东南亚国家的一个典型代表，也是这次亚洲金融危机的起源地。为了有利于出口，东南亚各国都制定了较低的对美元汇率来打击对手，泰国也不例外。在 20 世纪 80 年代至 90 年代初，由于美元对主要货币的持续贬值，使泰铢实际有效汇率大幅下降，间接提高了泰国的出口竞争力，而出口的快速增长有力地推动了泰国的经济发展。在此期间，泰国 GDP 以每年超过 8% 的速度增长，制造业出口年增长 30%，制造业出口占总出口的比重由 36% 上升到 81%，制造业产值占 GDP 的比重从 22% 增加到 29%；农业出口比重由 47.7% 下降到 13.9%，农业产值占 GDP 的比重由 21% 降为 11%。

虽然泰国把美元当宝，但随心所欲地升值、贬值的美元并不是一种负责任的世界货币。钉住美元，也有其明显的副作用。那就是当美元升值时，钉住美元的货币也会随之升值，而打铁还须自身硬，假如该国的经济实力无法承受汇率的升值，那么，等来的将是灾难降临。而实际上，在 1995 年，国际外汇市场就出现了新的情况。

1994 年以后，由于美国经济的强势上升，美元对主要货币的汇率开始上浮，而且持续时间较长。面对这种情况，泰铢的实际有效汇率跟着水涨船高，从而削弱了泰国出口产品的竞争力。

从 1996 年开始，泰国的出口开始大幅度下滑。而作为典型的“出口飞地”，决定了泰国进口零部件的花销不会比出口换得的少量外汇小多少，经常还会出现逆差。出口减少，导致经常项目逆差迅速扩大，财政赤字占GDP比率越来越高。财政赤字多了，政府开支就显得非常困难了，以制造业为主的出口导向型经济需要大量的投资，而只有更多的出口才能带动泰国走出困境。政府没钱，那国内资本呢？

由于走的是劳动密集型产业的老路，廉价劳动力的使用意味着本国老百姓除了劳动能力以外，不可能拥有大量储蓄，自然也无法满足投资的需要，而钉住美元的固定汇率制度又决定了泰铢失去了调节贸易差额和国际收支的功能，注定泰国无法自己主动走出困境。

所以，当时的泰国面临的出路只有一条——借助外资。不过，这就意味着泰国必须迎合国外资本的口味，加快资本市场开放步伐，通过各种各样的优惠政策和高利率政策，吸引更多的国外资本流入。这时，国外资本尤其是热钱大量涌入泰国。可惜的是，本来泰国吸引外资主要是想借助外资的力量投资实体经济，长期为本国经济增长服务. 但事与愿违，由于钉住美元的汇率制度与高利率政策的结合，使投机性资本可以实现无风险套利，所以此时大量涌入的国外资本，以短期资本为主，主要投向了股票市场、外汇市场等投机性较强的地方，灾难也就在这些地方潜伏着，等待一个机会。

我们知道，当美国的利率上升时，也会导致美元升值，而这些在外汇市场上逐利的短期资本就会换回美元，抛售当地货币。而泰铢的危机也尽在于此。泰国希望通过引进外资走出目前的困境，可万万没想到的是，这是一次教科书般的案例。

出于美元霸权和美国利益的需求，结果已经是昭然若揭了。很快地，国际外汇投机者在一股无形力量的驱使下，再度对泰铢发起了冲击。他们就像一支军队，号令统一，大量抛空泰铢，企图迫使泰国货币贬值，以从中牟取巨额利润。

1997 年 3 月 3 日，泰国中央银行宣布国内 9 家财务公司和 1 家住房贷款公司存在资产质量不高以及流动资金不足的问题。在狙击英镑的战役中就向世人展示了敏锐嗅觉的索罗斯认为，这不是个简单通告，而是个信号，是对泰国金融体系可能出现的更深层次问题的暗示。索罗斯和手下的量子基金决定以此为契机，开始率先发难。

猝不及防、先发制人是索罗斯发动金融战役时一贯的战术特点，他下令抛售泰国银行和财务公司的股票，储户在泰国所有财务及证券公司大量提款。同时，以量子基金为首的美国对冲基金联合起来一致大举抛售泰铢，在美国金融财团强大的连环围攻下，泰铢开始抵挡不住，汇率不断下滑，5 月份最低跌至 1 美元兑 26.70 泰铢。此时，泰国中央银行开始入市干预，倾全国之力，于 5 月中下旬开始了一场针对索罗斯的“反围剿行动”，意在打垮索罗斯的意志，使其知难而退，放弃对泰铢的猎杀行动。

这是一次绝地反击，成败在此一举。此次泰国策划了三管齐下的反击策略。第一步，泰国中央银行与新加坡组成联军，动用约120亿美元的巨资吸纳泰铢；第二步，用行政命令严禁本地银行拆借泰铢给索罗斯大军；第三步，大幅调高利率，隔夜拆息由原来的10厘左右，升至1000~1500厘。几个杀招一出，效果明显，使得泰铢在5月20日升至2520的新高位。

由于银根骤然抽紧，利息成本大增，这次的短兵相接使索罗斯大军措手不及，损失了3亿美元，挨了当头一棒。泰铢的地位暂时保住了。看上去，是泰国政府占了上风。此时，如果是其他对手，可能会在“泰国虎”的奋力搏杀下放弃这次猎杀，因为代价太大、赌注太大，很多人都不敢去承担这样的风险。可是，这次泰国政府面对的是有备而来的索罗斯，是以美国为主导的国际金融财团，不达目的是不会罢休的，这点儿暂时性的失血算不得什么。

索罗斯被称作“金融大鳄”绝非浪得虚名，作为资深金融刺客，凭其直觉，索罗斯认为泰国中央银行所能使出的全盘招数也莫过于此。况且，泰国政府在使出浑身解数之后，并没有使量子基金陷入绝境，所遭受的损失相对而言也是比较轻微的。由于在之前已经对泰国的家底摸得一清二楚，索罗斯认为，他已经赢定了。对于泰国而言，最初的胜利只不过是大难临头前的回光返照而已，根本伤不了索罗斯的元气，也挽救不了东南亚金融危机的命运。

经过短暂的休整，索罗斯和他手下的金融杀手便恢复了元气。

1997年6月，索罗斯号令三军，重整旗鼓，下令套头基金组织开始出售美国国债以筹集资金，扩大索罗斯大军的规模，并于下旬再度向泰铢发起了猛烈进攻。

刹那间，东南亚金融市场上狼烟再起，硝烟弥漫，对抗双方展开了白刃战，泰国上下一片混乱，战局错综复杂。为了阻止资本外流，稳定军心，6月30日，泰国总理差厄利发表电视讲话：“我再次重申，泰铢不会贬值，我们将让那些投机分子血本无归。”不过，“泰国虎”在三板斧之后，已经没有力量再做任何实质性的反击了，政府的动员鼓舞在狂暴的攻击面前显得苍白无力，只有区区300亿美元外汇储备的泰国中央银行历经短暂的战斗后，便宣告“弹尽粮绝”，面对铺天盖地而来的“索罗斯大军”，他们要想泰铢保持固定汇率已经力不从心。泰铢贬值的浪潮一浪接着一浪，泰铢兑换美元的汇率屡创新低。政府被迫临阵换将，原财政部长庵雷·威拉旺被迫交出帅印。泰国政府此举，实际上已宣告了失败命运的到来。

泰国在耗尽了所有的外汇储备之后，除了向国际货币基金组织求援外，就只剩下放弃固定汇率，实行自由浮动的汇率制度这条路了。果不其然，就在泰总理讲话两天之后，泰国央行被迫宣布实行浮动汇率制，放弃长达13年之久的泰铢与美元挂钩的汇率制，实行有管理的浮动汇率制度。当天，泰铢就暴跌近20%，而到了7月24日，泰铢兑美元降至32.5 ：1，再创历史最低点。至此，泰国金融市场完全陷入混乱，仰仗外资的企业纷纷破产。

面对不断贬值的泰铢，一觉醒来发现财富缩水 1/5 的泰国人开始到银行疯狂挤兑，然后购买能买到的一切商品。泰国银行业在这次挤兑风潮中损失惨重，大量银行倒闭，经济陷入大萧条。这场仗打下来，泰国人人“闻索色变”，索罗斯肆意宰杀泰国经济的行为，实在令人发指。初战告捷的索罗斯，裹挟着在泰国战场上满载而归的战利品，矛头直指东南亚其他国家。

此时，其金融实力更加强大，运用“杠杆原理”，索罗斯可以调动 10 倍于本金的财力，面对外汇储备空虚、财政赤字严重的东南亚小国，此时的“金融大鳄”已不屑于使用什么诡计，而是选择直接强攻，以硬碰硬的方式攻城略地。而刚刚见识了索罗斯肆意宰杀泰国的血腥场面后，东南亚各国更是斗志全无，无谓的抵抗没过多久，便一败涂地。印尼盾、菲律宾比索、缅元、马来西亚林吉特纷纷大幅贬值，各国股市崩盘，工厂倒闭，银行破产，物价上涨，惨不忍睹。

从 1997 年 7 月起的半年时间里，索罗斯以及西方的投资基金扫荡了整个东南亚。直接后果就是各国货币贬值 30% ~ 50%，其中印尼盾狂贬 70% 以上，同期，这些国家的股市跌幅达 30% ~ 60%。这次给东南亚各国造成的经济损失打达 1000 亿美元以上，这些国家和地区陷入了严重的经济衰退之中。

在东南亚满载而归后，索罗斯仍意犹未尽。他四处一望，中国因为实行外汇管制，想撼动人民币汇率，靠私人基金，有些不现实。但中国的特区香港，因为实行“一国两制”，其外汇制度却是开放的，就去香港玩玩吧。

1997年，对于所有中国人都是一个永世难忘的年份。100年的屈辱历史，终于到了可以画上句号的拐点。就在所有炎黄子孙欢欣雀跃等待这一历史时刻到来的时候，有一个人却在暗中用他那鹰隼一般锐利的眼神盯着中国香港的一举一动。不错，还是金融财团的御用王牌“杀手”——索罗斯。1997年的香港回归，在索罗斯的眼中，不只是一个绝佳的获取暴利的机会，还可以借此设置一个伪装高明的政治陷阱。在布局东南亚的同时，他联络了全球各国的几家大型基金，开始秘密地买入香港股票，而且这种买入是持续性的，这使得港股从1996年的低点开始不停地上涨，引发了港人的疯狂追随，恒生指数一再突破新高。

1997年上半年，香港股市开始出现不正常的泡沫，时任中国总理的朱镕基曾给过很严厉的警告：“不要认为政府会托市，我们也托不起市。”很明显，中国政府早就看出了这股潜在的国际金融力量的目的，那就是通过操纵金融，在香港回归之前把股价炒到顶点，从而在回归之后采取暴跌方式出货，既可牟取暴利，又能制造很坏的政治影响，在这个意义重大的年份，给所有中华儿女心里添堵。

任何一次攻击都是针对被攻击者的弱点的，没有缺陷的对手是永远不会被击败的，当然，这样的对手也是不存在的。客观来说，中国香港也的确存在索罗斯所认定的缺陷和弱点，其实行的联系汇率制度实质上也是采取与美元挂钩的固定汇率制度，牵一发而动全身。跟随美联储的降息，长期的低利率也造成了香港经济过热、通货膨胀率较高等问题。在回归之前，随着中国政府对香港的承诺的逐步落实，也进一步刺激了香港房地产和股票市场的繁荣，经济泡沫已经比较严重，而随着索罗斯在 1997 年上半年的推波助澜，香港股市已经出现了不理智的投资热潮。

房地产泡沫的恶性膨胀还导致了经济环境恶化，因为高房价和高地价将会使企业的生产成本和销售成本上升，由此推动通货膨胀加剧，经济泡沫进一步扩大化，如此一来，港币也有了贬值趋势。似乎一切都在索罗斯的计划之中，好在香港政府及时注意到了这股国际投资力量的动向和计划。不过，问题是，香港的外汇储备还不足以抵御对冲基金的攻击，于是，当时的香港政府秘密向中央求援，在得到了肯定的答复后，所有人都屏住呼吸，等待这场注定无法避免的汇率大战爆发的时刻到来。

1997 年 10 月，刚刚在东南亚所向无敌的国际投资者掉头北上，将矛头对准了刚刚回归后的香港，气势汹汹地发动了一波波攻击。这次攻击造成香港银行同业拆息率一度狂升至 300%，恒生指数和期货指数下跌 1000 多点，索罗斯大胜而归。10 月风暴过后，索罗斯又进行多次小规模狙击港元的行动，利用汇率、股市和期市之间的互动规律大肆投机，狂妄地将香港戏称为他们的“超级提款机”。

挟战胜之威的国际投机者胃口非常大，他们三番五次地狙击港元，其目的不只是简单地在汇价差上获取暴利，还想在股票市场和股指期货市场上获益。于是，香港开始陷入了汇率战的硝烟之中。

这次境外投机者的攻击步骤是，首先大量沽空港元现汇换美元，同时卖空港元期货，大造港元将贬值的声势。待香港政府为对付港元受到狙击而采取措施大幅提高银行利率时，人们投资股市的积极性就会受到挫伤，并会忧虑利率大升将导致股市与楼市双双下跌，这时投机者便趁势大沽股指期货。于是，股票市场上人心惶惶，在恐慌性地大量抛售股票时，投机者就可平掉淡仓而获取丰厚的利润。

从 1997 年下半年开始，国际炒家对港元进行了长达一年多的持续攻击，从 1998 年开始进入高潮。1998 年 1 月和 6 月，趁印尼盾和日元暴跌时，对冲基金又分别沽售港元，但在香港特区政府的抵抗下，三次进攻对于港元的打击虽然很猛，但远没有达到摧毁的地步。

虽然如此，但进入 1998 年 8 月，空气中开始弥漫一种紧张凝重的气氛，外汇市场对港元的炒卖活动频繁，各种谣言四起，市场信心岌岌可危。在这种局面下，以索罗斯为首的国际炒家对港币发动了新一轮进攻，这次是全力的一击。索罗斯联同其他财力雄厚的“金融杀手”三度冲击香港所奉行的联系汇率制。他们采取双管齐下的方式：一方面大肆散布人民币要贬值的谣言，动摇投资者对港元的信心；另一方面在外汇市场上大手抛出投机性的港元沽盘，同时在股市抛售股票来压低恒生指数，以及在恒指期货市场中累积大量淡仓，指望在汇市、股市和期市相关联的市场上大获其利。

在群狼的猛烈冲击下，再坚固的壁垒也会被撕开豁口，恒生指数在 8 月中旬跌至 6600 点，一年之间总市值蒸发了近 2 万亿港元。同时，港元兑美元汇率迅速下跌，各大银行遭遇了香港市民的挤兑风潮，这是香港近 20 年来从未遇到过的景象。

金融危机导致股市暴跌，而房地产市场更是遭受重创，房价一路下跌，甚至回到了 10 年前的水平。在这样的金融危机中，受伤害最严重的还是炒房投机者。房价大跌，很多业主由富翁变成了“负翁”，面临破产。而在 1997 年的房地产泡沫高峰期前后购房的投资者，更是血本无归，由于还贷无望，很多人因此走上了不归路。据粗略统计，亚洲金融危机中，港人财富蒸发了 2.2 万亿港元，平均每个业主损失 267 万港元，负资产人数达到 17 万人。

在危机下，投资锐减，消费萎缩，香港经济开始出现通货紧缩。大量公司倒闭或者进行裁员，香港失业率上升到 20 年以来的最高水平，香港经济似乎就要在索罗斯的计划下土崩瓦解了。

但是，即将看到胜利的索罗斯这次的算盘打错了，香港的回归在索罗斯等投机者的眼里是契机、是攻击的缘起，但其实也是他们的坟墓。回归后的香港多了个依靠，那就是祖国大陆；回归后的香港更多了个武器，那就是政府入市干预。

由于香港的经济有着在世界上最低程度的政府干预，经常在“经济自由度指数”排行榜上名列前茅，所以政府果断入市干预大大出乎索罗斯的意料。当然，对于长期浸润在经济自由化思想氛围中的香港来说，果断地入市干预是需要很大魄力的。

在中国政府的全力支持下，虽然香港在金融危机中损失惨重，但金融大鳄们的嚣张气焰却遭受到顽强的打击。香港金融管理局开始动用巨资与国际炒家搏杀。在这次行动中，香港政府连续动用港元近千亿，股市、期市、汇市同时介入，与国际炒家针锋相对，以牙还牙，力图构建完整的立体防御网，目的是托升恒生指数，不仅要让炒家在抛空8月期指合约的预谋中无利可图，更要使他们蚀本，知难而退。

8月初，炒家们对香港发动新一轮大规模狙击。5日，炒家们一天内抛售了200多亿港元。香港金管局运用政府财政储备如数吸纳，将汇市稳定在7.75港元兑1美元的水平上，令炒家们大失所望。

6日，炒家们又抛售200多亿港元，金管局再出新招，不仅如数吸纳，还将以美元购进的港元存放回银行体系内，使银行银根宽松，维持稳定的同业拆息率。

7日，港元狙击战与保卫战进入第3天。国际炒家继续抛售，金管局照例买进。港股维持在7000点大关。香港特区行政长官董建华当天表示："我们绝对有能力和决心维持联系汇率，我们一定做得到。"

14日一开市，香港金管局首次动用外汇基金进入股市、期市，大量买进蓝筹股票和期票，同时提高银行隔夜拆息率，夹攻国际炒家。市场估计当日约动用40亿港元入市。

8 月 24 日，为了打破国际炒家的套利计划，港府再次主动出击，动用 50 亿港元入市干预。午市时分买盘突然瞬间中断，结果股指迅即暴跌 300 点，两分钟后才被大手笔买盘重新拉回 7900 点水平。当日恒生指数急升 318 点，收盘在 7845 点。

值得一提的是，在这前所未有的攻防搏杀中，迟迟未能得手的外国炒家们恼羞成怒，在国际金融势力的支持下，西方各国对港府进行口诛笔伐，说什么香港政府违背了游戏规则，希望以此逼港府让步、放弃护盘行动。笑话，都杀上门来了，还讲什么游戏规则？所以港府懒得理这些，坚决入市干预。

8 月 27 日，即 8 月份期货合约结算前夕，决战时刻终于到来。

当天，全球金融消息极坏，美国道琼斯股指下挫 217 点，欧洲、拉美股市下跌 3%~8%，香港股市面临严峻考验。在曾荫权的指挥下，港府一天注入约 200 亿港元，将恒生指数稳托上升 88 点，为最后决战打下了基础。同日，量子基金宣称：港府必败。索罗斯这种以某个公司或部分人的名义公开与一个政府下战书，扬言要击败某个政府的事件闻所未闻、史无前例。但这和他行事向来低调的风格相反，可以说，索罗斯开始坐不住了，而这又意味着什么？

1998 年 8 月 28 日，对于众多国际炒家来说，是一个心痛的日子。由于 28 日是期货结算期限，炒家们手里有大批期货单子到期必须出手。若当天股市、汇市能稳定在高位或继续突破，炒家们将损失数亿甚至 10 多亿美元的老本；反之，港府前些日子投入的数百亿港元就如同扔进了大海。

逢敌必亮剑，在你死我活的关键时刻，香港政府在中央政府的支持下，全力反击，这天的行动也是香港政府自 1998 年 8 月 14 日入市干预以来的最高潮，当天双方交战场面之激烈远比前一天惊心动魄，全天成交额达到创历史纪录的 790 亿港元。港府全力顶住了国际投机者空前的抛售压力，最后闭市时恒生指数为 7829 点，比金管局入市前的 8 月 13 日上扬 1169 点，增幅达 17.55%。至此，大局已定，香港财政司司长曾荫权立即宣布：在打击国际炒家、保卫香港股市和货币的战斗中，香港政府已经获胜。

在 1997~1998 年的岁月里，东南亚诸国几乎在一场金融龙卷风里失掉了一切，即使是香港也只是惨胜而已。不管是“亚洲四小龙”还是“亚洲四小虎”，都在这场汇率战争中元气大伤。也许直到今天还有人天真地认为是索罗斯的个人行为导致了这场灾难，而即使是意识到美国是攻击策源地的人们也想象不出，一个标榜自由、人权、博爱、民主的超级大国，怎会以他国经济崩溃、人民破产跳楼为乐事？以美国华尔街为代表的金融财团的所作所为，再次让善良的人们记住了马克思在《资本论》中的至理名言——“资本来到世间，从头到脚，每个毛孔都滴着血和肮脏的东西”。

在历次的汇率战争中，美国金融财团为了维护美元霸权而派遣了明暗两路奇兵。一路为暗，即埋伏在深处的以“金融大鳄”索罗斯为代表的国际炒家和以基金为代表的金融部队，这支“特种部队”

不但自身战力强悍，还可以带动一大批盲目的国际热钱和游资加入战团，其最终规模非常惊人。金融部队首先会对某国货币展开致命攻击，进而波及股市、债市，最后蔓延至该国经济的各个层面，从中大发该国的国难财。而另一路为明，在被攻击国经济陷入瘫痪、政治局势动荡的时候，以美国为主导的世界银行和国际货币基金组织便闪亮登场，一揽子“援助”计划便陆续出台。至于目的何在，效果如何，都是不言而喻的。

第三章
人民币的贬值与升值

一、谁决定人民币升值与贬值

人民币升值的主要原因就是中国的整体经济增强。但是，人民币的强劲表现并不仅仅是市场的原因，而是相关国家因为自身利益受损而对人民币所产生的压力，比如日本、美国还有欧洲等国家和地区。正是由于这些国家和地区的反应，才导致金融市场上的热钱大量被卷了进来。

2002 年 11 月，日本率先打响指责人民币汇率被低估的“第一枪”。有了日本当出头鸟，其背后撑腰的美国也跟着发话。有了这两个世界上最富裕的国家发话，人民币升值压力自然难以抵挡。

2005 年 7 月 21 日，人民币开始升值，这下，国际资本大鳄看到了机会，认为只要大国施加压力，人民币升值就不可避免。而中国国内的投机者也认为人民币会开启升值时代，于是，把投资领域转向到股市和地产方面，使得资产泡沫开始膨胀。

2008 年，诺贝尔经济学奖得主克鲁格曼声称中国的贸易顺差是通过操纵汇率得到的，因此，他建议美国政府把中国列为货币操纵国，并对中国出口到美国的商品征收附加关税，这样，人民币就会被迫升值。

有了经济学家当吹鼓手，美国政府算是有了理论依据。于是，在 2010 年 2 月，美国的一帮议员们要求奥巴马政府对中国出口到美国的商品征收特别税，并将中国列为“汇率操纵国”。美国政府马上回应说会对中国施加压力，在今后与中国开始的贸易谈判中将会把汇率问题作为重点。

2011 年 10 月，美国参议院通过了针对中国的法案，督促美国政府惩罚那些对汇率进行“操纵”的国家。由此，中美贸易摩擦开始加剧。

中美之间的贸易摩擦已经产生好多年了，关键点就在两国之间的巨额贸易差。虽然中美两国间的统计方法不一样，导致数额不同，但有一个结果是明显的，那就是中美之间的贸易顺差在不断加大。

从美国的贸易结构来看，中美之间的贸易不占多数，中美之间的贸易差额对美国的经济所造成的影响不大，不会成为美国经济发展的障碍。所以，美国吵嚷中国的汇率问题，只是利益集团进行政治活动的结果。

不过，美国人不会想到那么多，有如此好的机会对中国进行指责，自然不会放过。于是，美国开始指责人民币低估对美国企业不公。但美国经济问题主要集中在国内储蓄率低、借债消费以及失业方面，这和人民币汇率完全扯不上关系。而且人民币对美元汇率从 2005 年以来，已经升值了 30%，但美国对华贸易依然是赤字当头。

美国以汇率为武器，对好些国家都使用过，但没有一次解决过贸易赤字问题。

中美之间的贸易是行业间的贸易，这本身就是一种互补性的贸易结构，谈不上有什么强的竞争力。中国出口到美国的商品，都是廉价的轻工业品，而美国出口中国的商品都是高端商品。因此，即使人民币如美国所愿升值，也解决不了美国贸易赤字问题，只会转移到其他国家身上。

指责人民币汇率低造成美国劳动力就业低也是没有道理的，中国出口到美国的商品，美国根本就不生产。如果人民币升值，那么我国商品的成本优势就会减少，最后的结果只会是美国市场再去寻找价格更低廉的成本市场，而美国的就业市场不会因此而有任何改变。

所以，美国要求人民币升值，更多的意义是政治作秀，有一个对中国显示力量的政治强人，在国内说话会有分量一些，也能推动国内相关法案的通过，还能压制中国的崛起。有这么多的好处，那么敲打中国自然是美国政客乐意干的。

汇率武器是美国操纵世界经济的最有效的武器，发现哪个国家不听话，就用汇率来敲打，屡试不爽。面对如此强势的超级大国，欧盟、俄罗斯都没有办法，而作为发展中国家的中国，因为外向型经济受制于人，对美元的依赖性更大，也找不到能对付美国操纵汇率的办法。所以，人民币虽然是自己的主权货币，但其升值还是贬值，中国并不掌握主动权，只能被动地见招拆招。

2016年11月开始，人民币进入了贬值通道，美元开始强劲升值，而且后劲不可预期。美元走强构成了当前人民币汇率的主要风险。2016年是美国换届选举年，美国总统选举大出人的意料，一贯标榜政治正确的美国人选出了一个丑闻缠身、负面影响爆棚的特朗普。而此人是一个商人，在竞选总统时，提出了多项财政刺激政策。虽然在竞选时，这些政策被攻击得体无完肤，但现在特朗普真的成为了美国新一任总统，那么这些政策就会真地被实施了。因此，美元指数上涨就有了炒作的由头。一些分析认为，美国即将实施的激进的财政刺激，为美国经济增长增添了无数的想象空间，与此同时，财政刺激带来了再通胀预期，那么，美联储一直在嚷嚷的加息政策，就有可能真地会实施了。在2016年10月到11月间，美国10年期国债收益率反弹了超过30个基点，就是市场调整对美国经济与通胀前景看法的最好证明。虽然“特朗普新政”的效果到底有没有什么作用还需要时间去检验，但炒作效应短期内对美元汇率和利率的刺激可能边际趋缓，确实为中期内重估美元定价提供了新的依据。

人民币对外价值出现的下降，与别的货币相比关系不大，主要体现在兑美元和兑日元的比值上。从现象上看，日元表现强劲，主要是日本央行的货币超级宽松政策，而美元的强劲则因为是美联储的货币收缩，主要是国际社会对其加息有很强的预期。

可见，当前人民币贬值预期成因和货币的关系不是特别紧密，更大可能是源于经济层面因素。比如，英国不愿意和欧盟一起“跳集体舞”，选择“独自走秀”，这就导致了国际社会对英国和欧洲的经济前景产生了极大的忧虑，尽管英国央行也加大了货币宽松力度，但国际社会对英镑看贬却成为一股洪流，就是用洪荒之力也难以在短时间内挽回。所以，人民币兑英镑仍维持了升势，而英镑对主要国际货币的汇率则全面回落。因此，我们再看当前人民币贬值的强烈预期，更多地就是来自于国际社会对中国经济前景的担忧。毕竟，中国目前正在进行去产能的攻坚阶段，经济下行不可避免，而且从经济周期来看，这一时期应该要持续 5 年时间左右。

再从美元的走势看，美元也并非如市场想象中那么“强劲”。2016 年以来，欧元兑美元的汇率运行基本上是非常平稳的，美国和加拿大是盟国，也是最重要的经济伙伴，而美元兑加元排除 1 月份的异动后也没有什么大地变化；再看；美元兑瑞典克朗的汇率走势，在平稳运行态势中波动区间甚至还收窄；商品货币澳元和新西兰元的美元汇率，在 2016 年的上半年还处于上升势头，下半年却表现得非常平稳。整体看，国际汇市上美元的强势，就是在英国宣布脱欧后，出现了上升，而英镑对日元还表现了持续贬值态势，下半年后才开始出现了企稳。

因为中国对美国经济的依赖度太深，所以人民币在外汇市场上，只能长期钉住美元。长期以来，出于增强自身国际竞争力的需要，美国对人民币最多的指责就是被“低估”，而中国则出于人民币国际化的战略目的，一直“顺从”地让人民币对美元进行缓慢地升值。人民币成功进入 SDR（特别提款权，亦称“纸黄金”）篮子后，人民币国际化的阶段目标已经实现，人民币的进一步国际化进展使得其对制度安排的依赖度出现了下降，转而更多地依靠市场主体来决定其汇率的升降。

而人民币要让海外市场认可、接受并最终成为国际货币，人民币汇率的自由化就不可避免。当中国政府放松了对人民币汇率的管制时，在当前全球经济低迷态势延续和中国出口压力增大的情况下，人民币贬值也就不那么难以接受了，接受适度贬值成为中国政府顺应市场的现实选择。

到了这个时候，美国不再高唱人民币被低估的老调了，在“亚太再平衡”战略下，美国在政治上制造中国和周边国家的分歧“热点”，而在经济上压制人民币的国际影响力，华尔街主导的海外金融机构表现出了团结，开始频频做空人民币，并不遗余力地制造人民币贬值预期。

对于中国来说，人民币国际化的战略取向需要维持人民币平稳甚至升值态势，但短期经济目标又使“弱势货币”成为目前汇率上的最佳选择。既然，国际汇市的真实情况是美元“不强”、人民币“不弱”，那么人民币兑美元的阶段贬值目标，也就不会长远了。

二、人民币汇率下跌所带来的利益损失

进入2016年年末以来，人民币汇率持续下跌，已经进入下降通道，12月15日，中国外汇交易中心的最新数据显示人民币兑美元汇率中间价报为6.4559，再次刷新四年半以来的低点，中间价7个交易日连续下调419点。12月14日盘中，人民币兑美元（在岸）一度创下了2011年7月以来的新低。汇率变化让人完全看不明白，以前美国一直在说人民币价值被低估，挥舞“贸易制裁”大棒叫嚷着让人民币升值。现在，人民币汇率下降，美国却不作声了，还一个劲地研究美元加息政策，使美元走势强劲，造成对人民币汇率的进一步打压。那么人民币贬值会给日常生活带来什么影响？哪些人的利益将受损呢？

（一）人民币和美元关系的调整

2016年12月11日，中国外汇交易中心在中国货币网正式发布CFETS（中国外汇交易中心）人民币汇率指数。该指数包括13种货

币，其中美元在一篮子货币中的权重为26.4%，欧元占比为21.4%，日元为14.7%，这三种货币是世界经济的主要货币，也是中国人民币汇率需要紧盯的货币兑换指数。

公布当天，离岸人民币对美元汇率就出现了下跌，跌破6.56，这是四年来的最低点。截至15日收盘，在岸人民币已经出现了八连跌，而在12月第一周的跌幅为2016年8月新汇改以来的最大。

长期以来，市场观察人民币汇率主要是看人民币兑美元的双边汇率。发布专门的人民币汇率指数，是引导市场在观察人民币的汇率时，不仅要参考美元，还要参考篮子里的其他货币。

高盛集团表示，CFETS人民币汇率指数的推出，显示出中国金融监管当局有意让人民币通过挂钩一篮子货币，而不是只把美元作为唯一的参考货币，实现维持人民币汇率稳定的目标。事实上，这一举措强化了人民币对美元实现缓慢贬值的可能性。

交银国际认为，如果中国政府强调兑一篮子货币而不是美元，那么就很可能是在“给兑美元贬值找借口”。

国际投行也指出，CFETS人民币汇率指数的推出，预示着人民币汇率将不再与强势美元挂钩，给市场的信号就是中国央行默许人民币贬值。

总体来看，2016年以来一揽子货币的几个指数都显示人民币兑一篮子货币币值基本稳定。从短期看，人民币兑一篮子货币调整的效果已经开始体现出来。从中长期基本面看，人民币汇率有条件保持在合理均衡水平上的基本稳定。

而且人民币加入 SDR 成为储备货币后，境外主体持有的人民币资产规模将会不断增加，市场观察人民币汇率的一个新逻辑正在逐步建立。

（二）未雨绸缪，防范美联储加息效应

一些著名的投资机构的中国经济学家在中国政府颁布一揽子货币政策后指出，虽然中国央行以往说过将人民币与一篮子货币挂钩，但一直以来，从中美两国的贸易紧密度来看，人民币基本上只能选择与美元挂钩，然而这次却不同。此次 CFETS 人民币指数宣布的时机很重要，因为美联储一直酝酿加息。到时如果在美元走强的背景下人民币持续走弱，那么就不应自动解读为贬值。

2015 年 12 月 23 日，《华尔街日报》的报道也把美联储即将加息作为中国政府宣布这项政策的时机点，认为在美联储准备加息时，任何强调人民币兑一篮子货币汇率、并非仅对美元的举动都会给中国更大的操作空间。而且，这也是中国政府在为美联储加息做准备，预计美联储加息会使美元走高，如果中国政府不作为，就会在捍卫本币汇率方面陷入困境，这不是当前中国政府所愿意看到的局面。

西班牙毕尔巴鄂比斯开银行认为，人民币汇率新指数实质上是向市场传达信息，人民币汇率在未来的重要参照指数就是一篮子货

币，然后再逐步实现自由浮动。短期内央行仍会采取主动行动去干预，防止人民币过度贬值。因此，人民币兑美元会在 2017 年贬值至 6.8 左右后趋于稳定，即对美元贬值约 3%。

摩根士丹利投资管理公司的预计也是人民币汇率会下跌，根据中国外汇交易中心上述货币篮子的衡量，2017 年人民币汇率可能跌幅在 3%—5%，人民币对美元汇率可能有一位数下跌。该公司认为，新的人民币汇率指数降低了中国让人民币对美元一步贬值到位的几率，在美联储加息前强调货币篮子意味着未来美元再有升值的话，人民币也不一定要升值。

（三）人民币贬值会给一些人的利益带来影响

第一类：股民。

历史上，人民币与 A 股走势在多数时候存在高度相关。在人民币升值的大趋势下，每一次人民币贬值后，A 股都会出现下跌甚至大幅跳水。

人民币走势与 A 股行情有关联的原因是：一方面，人民币贬值自然就会引发资产估值下降，那么和币值资产相关的金融、地产等相关板块走弱，这是 A 股整体大盘的最相关的指数；另一方面，人民币贬值预期一旦形成，以前来投机的热钱就会流出去追逐美元，A 股所处的流动性环境会迅速趋紧。

人民币大幅贬值还可能对航空企业、部分境外融资负担较重的房地产企业带来较大财务负担，那么相关股票估值乃至局部区域房地产销售价格都会出现较大的负面影响。

第二类：房价面临下跌，有房人资产将缩水。

从人民币持续升值的9年的房地产销售情况来看，人民币升值，中国房地产价格就会上涨，而且也持续了9年。2005年，人民币启动升值后出现了一个清晰的信号：对美元长期升值。对于投机资本来说，就会携带大量的美元进入中国，换成人民币资产，以规避相对的美元贬值。这些美元进入中国后，主要存在的方式就是资产。什么资产变现容易呢？自然就是房产了。过去9年中国房价大涨的原因有很多种，但人民币升值就是最主要的原因。在这个升值的过程中，拥有房产的人们，资产迅速升值。房产升值的预期，又激发了更多人买房的欲望。

现在，许多投资者担心，人民币贬值将导致整个市场预期出现逆转，促使投资者放弃房产这样价格过高的资产。尤其是那些早些时候从海外涌入中国国内的资金，因为人民币贬值而放弃在中国的资产，套现离开，或不敢再轻易进入中国市场，多种作用助推中国住房资产价格将会由高涨出现下跌。

因此，对购房的人，尤其是准备在三四线城市购房的人来说，最好先观望一段时间再出手。

第三类：出国留学者换的外汇额少了。

对于留学美国的中国学子而言，人民币贬值肯定会让他们头痛。

因为这也就意味着同样的人民币，和以前相比，换的美元要少多了。银行人士透露，人民币此轮急跌，也造成一些留学生家长的恐慌。兑换美元的家长人数增多，比平时多了一成。

要想避免换汇损失，应该分批买入分摊风险，那些短期内有使用外汇打算的客户，可以观察几天汇率波动，然后找个相对低位买入，分批分段把风险摊薄。特别是有留学打算的客户，外汇资金用量比较大，最好的办法就是办理外汇理财，目前国内几家银行的外汇理财收益都比较高，甚至超过同期人民币理财水平。

第四类：海淘族亏了。

海外代购市场火热，最吸引人的地方就在于价格。从境外海淘的商品价格一般会比在国内专柜购买的便宜30%左右，有的甚至能便宜一半，这也是不少海淘族喜欢买外国货的原因。但现在因为人民币贬值了，很多海淘族就觉得和以前相比，他们亏了，因为他们现在购买的一些境外商品价格已经开始上涨。

要减少海淘的损失，就应该采取正确的货币结算方式。海淘通常分为外币入账和人民币入账两种结算方式。外币入账指信用卡消费按照外币结算，持卡人需要以外币还款；如手中没有外币，则需要用人民币购汇来还款。如果持卡人手中有足够的外币，那么就不要舍不得外币而用人民币结算了，应该采取外币直接还款的方式，这样不涉及成本增加。

第五类：出境游的人。

出境游当然是需要外汇了，所以，人民币贬值，换汇成本面临上涨。

要避免换汇损失，先购汇更划算，不少人出国旅游喜欢刷信用卡购物，如果人民币在升值，延期还款还钱数额会少一些。但如果人民币继续贬值，最好考虑在出国前就兑换好全部现金，这样就能避免大的损失了。

第六类：大型出口企业难享贬值带来的影响。

人民币贬值，从理论上来说的确有利于出口，一些即时结汇的小型出口企业就会因为人民币贬值而获益，但交易量较大的外贸企业，可能难以感受到此轮贬值为企业带来的积极影响。

有大型出口商既承受了2013年人民币快速升值带来的汇率损失，又因为当初为避免损失，和银行签订了锁定汇率协议，在此轮快速贬值过程中就无法享受到额外的福利。

要避免不利因素，就应该认识到随着人民币汇率波动，为了降低汇率波动带来的风险，外贸企业就需要借助一些外汇衍生工具，比如远期结售汇、外汇掉期、到外汇期权等锁定汇率风险。为了规避风险，进出口企业就要采取一种非常简单的策略了，即将购汇时间后延。

第七类：做多人民币的中国企业。

近年来，随着人民币兑美元稳步升值，这些中国企业通过做多人民币来确保稳定的出口收入，放大了人民币升值带来的收益，但现在因为人民币贬值，造成的损失也就大了。

随着人民币兑美元下跌，那些借助“目标可赎回远期合约”这一流行方式对冲人民币风险的企业及个人账面损失巨大。这些押注中有一小部分来自于私人银行客户和富人，他们的损失只能自己扛，而得不到任何补偿。

第八类：来中国投资的“炒家”。

一直以来，大量的外资长期在中国游移，躺着赚钱。2005年来中国的游资，根本不用考察项目，只需要轻点鼠标把美元换成人民币，然后每年看着人民币升值，到2016年初，已经有了33%的升值利润，这比任何一项投资行业的回报都高。但现在不行了，人民币币值下降，能兑换的美元少了，这些游资损失惨重。

（四）“挂钩”商品：美元风暴下的避风港

目前国内外金融形势复杂，尤其是强势美元与国内人民币贬值日益纠结，前途不明朗，大宗商品价格涨落的步点已经超出了正常的预期。专家认为，当前阶段与美元挂钩的一类商品，在美元升值的背景下，可以适当考虑参与，有物资在手，可以避免人民币贬值带来的损失。

2016年第四季度，美元在外汇市场上的指数大涨，一改过去几年的颓势，成为最强劲的货币。依照传统经验，美元走强，那么一些以美元计价的大宗商品价格将会出现下滑。但现在美元上扬，大宗货品的价格不但没有下跌，反而也在跟着上扬。据统计，2016 年 10 月以来，大宗商品先抑后扬，就在美元上涨的同时，敏感商品价格的 CRB 指数也上涨了 2.28%。

就这一现象，专家指出，商品基金的主要收益与合约价格上涨并不同步，其主要受益来自近月合约价格高出远月合约时，期货市场合约“倒挂”下不断换月的稳定收益。这部分收益的增长，也就可以抵消美元上涨所带来的压力了。也有专家表示，一般情况下，美元和大宗商品长周期的负相关关系都比较明显。但是，美元和大宗商品的关系呈正相关的情况也不鲜见，如在全球经济向好的情况下，美元走强对大宗商品的压制就表现得不是那么强劲，毕竟，经济好，就意味着需求旺盛，涨价也就不稀罕了。

更为重要的是，拥有了充足的商品，就等于拥有了避开通货膨胀的载体工具。美联储加息，使得美元成为追捧的对象，导致美元价格上升。然而，其本质是为了吸引国际金融资本，从而遏制美国本土的通胀，将其国内的通胀压力转嫁给其他国家，让世界为美国经济背锅。当前，大宗商品的供应和需求主要集中在中国、巴西等发展中国家，人民币的贬值对大宗商品产生的正面影响要显著强于美元指数上涨带来的负面影响。所以，即使出现了美元上涨，大宗商品因为需求旺盛，还是可能会出现价格上涨。

从长期来看，美元仍属于强势货币。由于许多大宗商品的成本都是依靠美元结算，美元保持向上的趋势会对价格等金融因素起到支撑的作用。因此，从这个趋势看，2017 年大宗商品的表现不会低于 2016 年。

从经济周期的角度看，可以更好地理解未来美元与大宗商品同涨的可能性。目前，美国新总统上台后，“保护主义”和“孤立主义”抬头，美国会以国内发展为优先，会为了增加投资机会，对金融施加杠杆的可能性比过去增大了。如果新总统真的如竞选时说的那样增加国内基础建设，那么私人资本就找到了出路，再加上低税收等政策，大宗商品价格不可能会降低。同时，加息使得美元回流，美元价格走强，而投资加大了商品需求，会在当前的低价基础上出现上扬，所以，在 2017 年选择大宗商品作为通胀避险工具是可行的。

在当前的社会状况下，找到最好抗通胀品种是最值得关心的。

在抵抗通胀的逻辑下，有色金属，以及黄金、白银都是抗通胀的好品种；农产品也有较好的机会，因为和工业品相比较，2016 年农产品的涨幅较小。

一般来说，美元指数走强，使得大宗商品面临价值重构，特别是国际化定价的有色金属。现阶段美元与有色金属价格都出现了上涨，主要体现了基本面预期强劲。而美元的走强，人民币自然会下降，中国国内通胀不可避免，这也是铜价上涨的一个必要因素。

此外，当前美元强势，海外经济向好，因此未来跟海外经济更加相关的原油等资源型产品也可能会因此涨价，而受到强势美元的压制，贵金属的表现将步入预期。从有色金属、黑色商品等和中国国内经济更加相关的大宗商品来看，2017 年中国国内经济走势将决定这些商品的价格走势。

2017 年或将是利空尽头春光无限。

经过奥巴马几年的大力整治，当前美国经济已经有了起色，且美元加息，美元有望保持强势。但这对大宗商品形成较强压制不太可能实现，至少不会长久，因为 2017 年世界经济总体向好的趋势不会变，而美国国内需求在中短期内仍然较强，大宗商品需求旺盛，所以价格不会下跌。从美元指数的走势来看，尽管其已经达到至 2002 年末的水平，但是要保持长久的上涨趋势，也不太可能，2017 年第一季度或将迎来回调，之后如何表现将还要结合美国经济实际发展状况。

2017 年主导全球市场行情的主要因素将会是通胀。目前随着中国国内 PPI 的转正并且快速上行，CPI 将会走高，中国国内将迎来通胀。大宗商品经历此前五年多的熊市，现市场对大宗商品的预期已经发生变化，商品价格上涨也说得通，所以，大宗商品价格上涨这一趋势将不会改变。

从人民币走势来看，有分析人士认为，人民币贬值确实对一些进口依赖度比较高的商品有提振左右，但幅度较小并且不是特别有力。在人民币有序贬值的基础上，可以认为人民币贬值的幅度就是对该商品价格提振的幅度。而一些国际定价的商品的涨跌，则主要受美元走势的影响。

三、产业变迁

在过去，中国制造业吸引了大量外资企业来华设立工厂。但在当前，中国制造业的吸引力开始逐渐下降，外资企业已经开始大规模搬离中国，更让人吃惊的是，一些纯中国企业也开始离开中国，到其他国家开厂。

精明的投资者都认为，人民币贬值，换取的美元数额减少，这个时候用美元到美国投资，损失将非常大。

长期以来，中国制造业是建立在低廉的人工成本优势上的，但随着人民币持续升值，这个优势已经荡然无存，反而会压得企业喘不过气来。为了企业的发展前景，必须考虑企业搬迁和升级的问题。

对于中国过去最吸引人的人力成本，如今已经没什么吸引力了。所有的成本综合加下来，即使在劳动力比美国便宜的情况下，中国也没有明显的优势。况且中国当今的劳动力成本跟周边国家比，如俄罗斯、波兰等都差不多，甚至中国的白领工资比这些国家还要高。

那么，中国丧失劳动力价格优势的原因在哪呢？其中有一个原因就是国内基础建设速度太快，房地产发展过热，这些方面都需要大量的建筑工人。房地产行业员工很多都是按天计算薪酬。但是制造业不一样，除工资外，还要交税、买保险等。

另外还有一个很明显的现象，就是大学生毕业后都想去当公务员，公务员没考上，退而求其次就是银行等金融机构，很少大学生会从事蓝领相关职业，因而高素质的工人越来越少。美国蓝领劳动力价格大约是中国的 8 倍，因为美国的蓝领劳动力逐年减少，大量人才都跑到华尔街、硅谷这些地方从事金融、IT 等工作。美国金融危机之前，服务业占国家 GDP 在 65% 左右。这导致现在美国要恢复制造业碰到的第一个问题就是劳工结构的问题，没有年轻工人，都是老工人。现在，美国已经认识到这种状况不能继续下去了，开始重视制造业。

从目前中国的制造业形势看，现在很多企业搬到了国外。以纺织业企业为例，在越南、柬埔寨，棉花一吨比国内便宜 40%；电价、水价、气价比国内便宜四五十；工人工资又比国内低。

当前，财政金融要向国家扶持的产业倾斜。解决制造业的增值税问题。专家认为要切实实施减税政策，最关键是要把增值税降低 5 个百分点，同时不要让企业缴那么多费。还有专家建议，完成“营改增”之后，应该将增值税的现行税率从 17% 降到 9%。

专家也提出，不管赤字还是减税，从技术层面上有它的道理和逻辑，但系统性重构才是核心。中国和美国的差距主要因为税制不同。美国以家庭、个人缴税为主，企业缴税为辅，中国的税收主要向企业征收。所以，当前最大的问题不仅仅是税赋，我们要进行的是财税改革，从根本上解决问题。

另一大负担集中在土地成本上。中国的土地成本是美国的几倍、乃至十几倍。地价贵，说明土地配置有扭曲状况，产业用地制度需要突破。现行的土地"招拍挂"制度，催生巨额土地资本化红利的同时，也推高了地价，挤压了制造业的利润空间。所以，对一些高新产业要在资金上予以支持，对该被淘汰的企业，不要盲目贷款，对国有企业与民营企业要一视同仁，适当降低贷款的利率。

正因为国家看到了这些弊端，所以中央经济工作会议提出着力振兴实体经济。国家已经采取了积极的改革举措，比如出口退税的实施，产权保护的意见已经出台，振兴民间投资也出台了意见，在未来都会发挥一些效应，所以不必太担心资本外流和中国制造外迁的问题。在具体做法上，政府应该更加关注小微企业，关注实体经济，财政金融要向国家扶持的产业倾斜。

在当前人民币贬值的背景下，出台看得见的实惠才是留住企业的根本。

四、以汇率改革应对人民币变化

一般来说，一个国家的货币价值具有两种不同的表现形式：一种是对内的价值，一种是对外的价值。货币的对内价值就是国民在国内的购买力，购买力的大小由货币单位所能购买的商品和劳务的多少来决定。而对外价值指的是货币对外币的兑换能力，其大小通过汇率来表示。从理论上讲，外汇市场会受到多种因素的干预，短期内经过汇率折算后，货币的对内、对外价值会有所差别，但从长期来看，其内外价值应该是一致的。

如果货币的内外价值不平衡，那么汇率就会发生变化。一个国家的货币汇率，就是这个国家的货币在国际货币系统中的价格，是由它的保值性、易交换性和可投资性决定的。而这些决定汇率高低的要素是会受到国家货币政策、经济增长速度和政治经济稳定性的影响的。从我国目前的情形来看，人民币汇率已经处于调整期了。

汇率制度是一个国家的主要经济制度，决定着货币的升值或者贬值，还关系到国民经济的稳定。我国汇率制度经历了好几个历史阶段，都对国民经济的发展和稳定起到了很重要的作用。

第一个时期是1949年至1952年。这段时间是新中国成立，致力于国民经济恢复的时期，而这个时期的汇率制度可以看作是浮动汇率制度，人民币汇率比值是根据人民币对美元的出口商品比价、进口商品比价和华侨的日用品生活费比价三者的加权平均数来进行调整的。所以，这个时期的汇率波动是非常剧烈的。

从1953年到1983年是我国计划经济占主导的时期，而这个时期的汇率制度又分为两个阶段。第一阶段是从1953年至1972年，这个时期的人民币汇率基本保持稳定，汇率维持在1美元兑换2.46元人民币的水平上。这个时期的人民币汇率并不充当调节对外经济交往的工具，外贸盈亏全部由国家财政承担。第二阶段是1973年至1980年，这一时期由于世界物价上涨和出现了石油危机，西方国家普遍实行了浮动汇率制度。而我国为了适应这种变化，人民币汇率参照西方货币浮动状况，采用一篮子货币加权平均计算方法进行了调整。因此，人民币汇率从1美元兑换2.46元调整到1980年的1.50元，美元贬值39.2%，而同期的英镑贬值更厉害，达到41.6%。

20世纪80年代，是中国进行改革开放的年代，这一时期的人民币汇率变化又分为三个阶段。第一个阶段是1981年至1984年，此时实行的是双汇率制度，即除了官方汇率牌价外，还规定了一种适用于进出口贸易结算和外贸单位经济效益核算的贸易外汇内部结算价格，这个价格是根据当时的出口换汇成本确定的，固定在2.80元的水平上。而人民币官方汇率由于内外两个因素的影响，也从1.50元的水平下调到1984年7月的2.30元，对美元贬值53.3%。1985年到1991年又恢复了单一汇率制。恢复单一汇率制后，人民币汇率多次下调，调剂外汇的交易量越来越大，价格也越来越高，实际上单一汇率又变成了新的双重汇率。到了1993年底，人民币对美元的官方汇率与调剂市场汇率分别为5.7和8.7。这一时期人民币汇率的特点是官方汇率和调剂市场汇率并存，官方汇率逐渐向下调整。

1994年，外汇体制进行了改革，建立了新的以市场机制为基础的汇率制度，双重汇率制度被取消，人民币官方汇率与市场汇率合并，实行以外汇市场供求为基础的单一的有管理的浮动汇率制。1994年4月4日，是人民币汇率史上最值得纪念的日子，这一天，银行间外汇市场正式开始运营，各外汇指定银行依照中国人民银行公布的汇率在规定的上下幅度内决定挂牌汇率，对客户买卖外汇。

这个时期的人民币汇率有几个特点：首先是人民币汇率不再由官方直接制定，而由外汇指定银行自己进行确定和调整；其次，外汇指定银行制定出的汇率是以市场供求为基础的，并形成了统一汇率；第三，亚洲货币危机爆发后，人民币汇率处于超稳定状况，并只钉着美元。

2005年7月21日，我国又一次对人民币汇率进行了改革。人民币汇率再一次进行了调整，即我国开始实行以市场供求为基础、参考一篮子货币进行调节、有管理的浮动汇率制度，并根据对汇率合理均衡水平的测算，人民币对美元升值2%。这一次改革没有使主体汇率制度发生改变，但对局部进行了关键改革，对防范单一钉住美元的汇率风险，完善汇率形成机制，维护对外经贸环境的稳定，促进我国国际收支基本平衡以及经济平稳健康发展，有着很大的作用。

2005年完善汇率机制改革以来，人民币汇率形成机制改革按照主动性、渐进性和可控性的原则有序推进，有管理的浮动汇率制度的框架和内涵不断完善，动态趋向合理均衡水平的机制逐步形成，汇率定价不再是官方任意制定，而是由市场的供求关系决定，汇率形成的市场机制逐步健全。

汇率改革启动两个月后，中国人民银行就宣布银行间即期外汇市场非美元货币对人民币交易价的浮动幅度从原来的1.5%扩大到3%。2006年初，银行间外汇市场开始引入了询价交易方式和做市商制度，人民币汇率中间价形成方式改进为由中国外汇交易中心根据做市商报价加权平均计算得出。2007年5月，银行间即期外汇市场人民币兑美元交易价浮动幅度由3%扩大至5%。

在这个时期，外汇管理制度不断完善，外汇市场交易也日益活跃，人民币汇率弹性不断增强。人民币汇率对美元小幅升值，相继于2006年5月“破8”，然后又在两年后实现“破7”。

2008年，百年一遇的金融危机爆发，全球经济都面临着巨大的不确定性，许多国家的货币都对美元汇率出现了大幅度贬值，而中国为了维护本国的利益，也适当收窄了人民币汇率波动幅度，使得人民币汇率保持了基本稳定。同时，在稳定外需、抵御国际金融危机冲击的同时，为全球经济复苏做出了贡献。

考察我国人民币汇率制度演化与改革的过程，可以发现，它的选择还是很灵活的，汇率制度和汇率的变动都是按照国内外形势的变化而进行不断调整。人民币汇率变动的依据是国内外物价水平变动或者是出口成本的变化，汇率变化主要是向下调整，尤其在改革开放政策实行以后，双轨制的汇率制度发挥了很大的作用，政府干预力度很大，而1994年以来的汇率制度虽然是管理浮动，但实行的还是固定单一钉住美元的汇率制度，汇率形成机制不太合理。

2010年6月19日，中国人民银行发表重要声明，宣布重启人民币汇率形成机制改革，以增强汇率灵活性。这一政策的转变是制度性的，又带有价格性。一方面，人民币汇率机制将从双边汇率转向多边汇率，参考一篮子货币进行调节；而另一方面，市场普遍预期，在外部金融环境稳定的前提下，按贸易加权和经过通胀调整的人民币实际有效汇率将每年升值5%。

面对不确定的外部环境，央行不是放任不管，而是要加强短期投机资本的监测和管理，人民币汇率会出现双向浮动，不再只涨不跌。因此，从这个角度看，人民币汇率改革的启动，将会对全球经济恢复起到重要的作用。

2016年年底，人民币贬值不可阻挡，而美元因为加息和国内制造业开始复苏，走势愈发强劲。12月22日，人民币对美元中间价报6.9435，较前一交易日调升54个基点。中国外汇交易中心数据显示，截至12月22日16点30分，人民币对美元即期收盘价报6.9466。

看着近在咫尺的“破7”，不少市场人士心存担忧。专家表示，美元未来走势不会是单方向的，一旦市场发现过去的预期过于乐观，美元指数就有可能出现调整，其他货币包括人民币在内，都会出现对美元升值。

目前美元大幅升值、美国国债收益率对于美国实体经济，尤其对出口产生紧缩效应；最近美国企业债发行利率、住房按揭利率大幅上升。但是，美国的大规模减税和基建计划能否实现也未可知。

而中国的汇率改革也没有停止，自 2016 年一季度以来，人民币采用了“收盘价 + 一篮子”的中间价定价机制，为人民币波动提供了足够的弹性，会导致双向波动。而在具体操作中央行已经综合考量到兼顾汇率弹性和稳定性。而正是因为加大了正面引导预期的力度，2016 年 11 月初以来，人民币一篮子汇率还是略有升值的。从中国经济基本面来看，2016 年 11 月 PMI 继续上升，民间投资已经开始触底反弹，出口增速转负为正。所以，中国政府有信心在增加汇率弹性的基础上，保持人民币在合理均衡水平上的基本稳定。与此同时，中国对美国的外债持有也出现了减退，使得中国的外汇储备出现下降，在美元升值的背景下，中国这样做，是不是遭受了损失？

对此，相关人士介绍，美国国债在国际金融市场是重要的投资标的，各国央行都会从评级到市场深度，再到流动性、风险特性等方面综合考虑投资标的。而央行也会通过近期美国加息、美国国债收益率曲线等方面微观考量，对美国国债投资进行战术性动态调整。而加快开放国内债市引入境外资金就是一个不错的策略。

在未来一段时间，央行将协调相关部门，允许和引导境外投资者进入境内外汇衍生品和利率衍生品市场进行交易，以对冲利率和汇率风险；进一步明确对汇出投资本金和收益的规则以及对投资收益和利息收入的税收政策；探索通过境内外基础设施合作，延长交易时间、减少境外投资者重复开户负担等，提升交易便利性，进一步扩大实际参与银行间债券市场投资的境外机构投资者范围。这些，都有利于人民币币值保持稳定。

第四章
汇率战争与外汇理财

一、汇率战争的历史

汇率战争并不是现在才出现的新事物，而是贯穿着古今历史。汇率自一出现，就在人类历史上留下了不可磨灭的痕迹，但在没有货币的漫长岁月里，现代意义上的贸易也没有出现，就无所谓有没有汇率了。即使在货币出现后的初级阶段，现代意义上的汇率也没有出现，其原因是当时没有有效的交通工具和能力远行，因此地区与地区之间的交易欲望和能力也不具备，自然，也就没有双方都能认同的有价值的货币。

汇率真正开始产生作用，是在货币经历了一段很长的发展时间、贸易开始兴盛的时候。汇率是不鸣则已，一鸣惊人，一出生就霸气十足，开始翻江倒海地折腾。现在就让我们追溯到货币初始之际，看看汇率是怎么从有到无，成为一股左右人类文明的力量的。

（一）远古汇率造就的帝国

中国和印度都是文明起源较早和贸易发达的古国，要想做贸易，就得实行交换，有交换就要有等价物，也就是货币了。

最早使用的货币是贝壳，所以中国现在很多和“钱”有关系的字里，还都是以“贝”作为偏旁。这大概是因为当时的内陆地区贝壳的数量少，因此贝壳本身价值就很高。

另外，贝和金属不同，不需要炼制这么麻烦，直接从海边捡来，挑选一些少见的就能使用。而且，当时的交易量比较小，所以即使贝数量不多也能满足交易的需要。

在中国，即使到了周代初期，经济模式依然以自给自足的小农经济模式为主，贸易量很小。在这个阶段，虽然有了货币，但贸易方式还是以货易货，所以在周朝交税时，交钱可以，交帛官府也欢迎。就因为货、币兼用，所以在中文里我们依旧称这种交易工具为“货币”。

随着技术的进步，人们会制造金属了，于是金属开始大量成为货币进入流通领域。使用金属的好处是，除了具有贝的属性以外，还可以人工制造，因此不会像贝那样，因为数量少而导致使用时受到限制。

早期金属的制造，因为没有参照物，所以有着浓厚的实用色彩。春秋战国的三大货币中，布币（农具，多出自中原农耕地带的商业中心）、刀币（武器，多出自东北渔猎地带）都脱胎于工具，也就是不以好看为原则。

有了金属，货币单位不再以个计算，而是称重计算。古书中提到的赐金多少斤，这其实说的是铜。铜之所以珍贵，是因为可以被用来制作工具，特别是武器，如《国语·齐语》中说：“美金以铸剑戟，试诸狗马。”就是说，用金属制造武器，宰杀狗马。因此，在当时，帝王赏铜不但是给钱，也是信任受赏者不会作乱。

一般来说，中国在春秋战国之际，贸易有着很强的地域性，大多数交易都是在本地完成，因此铸币行为也都是各个地方自己的事。大多数地方不只有一种货币，而是几种货币同时存在，至于那些贸易特别兴旺的地方拥有的货币种类就更多了。但此时现在所谓的汇率还是没有出现，人们评估货币的价值，主要是看货币的重量几何和成色好坏。

中国铸造钱币的时间与西方差不了多少，公元前600年左右，小亚细亚的土耳其建立的吕底亚王国开始用贵重金属铸造钱币，这被认为是西方最早的钱币，而同时期的中国周定王时期也已经出现了钱币。

和中国一样，西方的希腊等地也是各个城邦单独铸造钱币。不同的是，希腊因为地域狭小，又靠近海，所以希腊人为了做生意而满世界跑；虽然当时他们所认为的“世界”也就地中海一带，但“跨国贸易”还是出现了，这样他们自然也就接触了更多种类的货币。

在这些最早期的国际贸易中，不同国家的商人在计算货币价值时，和中国一样，以重量和成色为单位。这个时期希腊人多用金币。

他们之后的罗马人借鉴了这种模式，并加以发扬光大，同时发行了金、银、铜三种不同钱币，一直使用到了中世纪的查理大帝时期。

中国虽然在春秋战国时期也可使用黄金，但大多数黄金还是没有用来流通，而是被用作储备。只有楚国因为产金，所以发行了金币。后来秦朝统一天下，货币也终于被统一，环钱成为唯一的官方货币，并在以后断断续续沿袭了2000多年；其他交易物则被淘汰成了装饰品。秦朝还率先采取了金本位制，而后来汉朝取代秦朝后，也继承了金本位的制度，以黄金作为储存手段。从此，几乎全部的文明社会都将贵重金属设定为货币。同时，因为交通工具的进步，人们也有了远行去贸易的能力。现代意义上的汇率也是由此兴起的。

使用贵重金属对当时的贸易来说，是一件非常重要的事，因为当时的国际贸易还没到“当地消费”这一程度。如果是在现代进行一笔国际贸易，我们可以把外币带回中国，然后去银行兑换成人民币。为什么能这样呢？是因为现在国内有很多人都要到国外去，正等着换外币出去花呢。但古时则不同，因为交通不便，交通工具不仅少而且落后，不是那种活不下去而绝望的人，或者天生敢于冒险的人，是不会轻易出远门的。因此，这些远行的商人们千里迢迢到达目的地后，当地的货币对他们来说没什么用处，所以，还不如在这里带一些稀罕商品回去在家乡卖，还能大赚一笔。由于路途遥远，当时的商人最喜欢的是两个地方差价最多的商品以及在世界各地都能通行的货币，这样他们“荣归故里”后才能直接消费。所以，各地都通行的黄金以及白银等贵重金属对他们来说正合适，可以直接往家搬，回去就能花。

汉朝继承了秦朝的“基业”，在国内继续流通铜钱。但是在国外进行贸易时，铜钱就不好使了，就改用黄金。和现代一样，当时外国的进口品对中国人来说，还比较稀罕，价格也高，因此最早消费外国奢侈品的不是什么有钱人，而是有权的人。

在封建社会，最上层的就是皇帝，所以当时高级的异国奇珍异宝都是进贡给皇帝的。这些专供皇帝使用的外国货物种类也很多，像什么大宛宝马、明珠、印度宝镜等。但和今天不同，当时不购买国货不会被看作是“汉奸”，反而会被认为是一件很光彩的事，因为我们通过国际贸易引入了好的洋玩意儿。

此时，和中国做生意的对象包括西域诸国，其中有中东的安息国，就是波斯帝国，以及更远的大秦国，也就是罗马帝国；另外，还有南越、印度、锡兰等地。除了购买奇珍异宝以外，中国人还喜欢购买玻璃，因为当时玻璃是个稀罕物，而我们不会制造。我们输出的货物主要是丝绸，当货物的价值不够置换玻璃的时候，黄金就发挥作用了。等丝绸到了罗马之后，对方除了交换货物外，支付的货币也是黄金。由此可见，在当时黄金就已成为了世界通行的货币。

虽然都是在使用黄金作为货币，但当时罗马和中国的金价却不一样。中国的金价相对便宜，而银价都相对较高，当时金银的比率大概是 1 ∶ 5。而罗马的金银比率大概是 1 ∶ 15。因此，除了在两地做倒爷卖玻璃、丝绸以外，在当时，炒汇也是一个收入颇丰的选择。当时东西方的贸易被波斯人所垄断，精明的波斯人马上发现了中国和罗马帝国之间对黄金和白银不同的兑换比率。于是，波斯人觉得这是一个利用差价发财的机会。

和其他中东以及中亚的国家一样，波斯当地使用的是银币，一次交易下来，他们能够通过向汉朝销售玻璃以及奇珍获得暴利，而把中国的丝绸卖到欧洲又能赚一笔。更妙的是，波斯人把中国的金子带到罗马，换成银子后，银子等于凭空多了三倍。因此，利用中欧两地金价的差额，光通过倒货币他们就能赚取比倒腾货物多几倍的利润。这种利用两地货币的差价大赚特赚的行为，是黄金、白银流通的这 1000 多年里的主题。当时在波斯占有统治地位的帕提亚帝国能够成为一个和罗马帝国势力不相上下的大国，很大程度上就是靠倒腾货币发家的。但利用倒货币发家的，帕提亚帝国是第一个，却不是最后一个。

由于外贸数额逐渐增大，中国的金子消耗了很多，基本上都花在和波斯的海路、陆路贸易，以及和拜占庭的陆路贸易上了。西汉后，海上贸易更加盛行，即使到了两晋南北朝这样的乱世，贸易依然很发达。由于贸易昌盛，中国后来不但金子少，银子也少，金子都给了用金币的拜占庭，而银子则给了用银币的波斯。

后来，丝绸的生产技术被传播开来，中国人不能再依靠丝绸获利，于是，中国人的贸易也开始多样化起来，基本上是什么赚钱就做什么，使得贸易额越来越大。在之后的很长一段时间里，由于国内为争夺皇位而不断打仗，各个军阀之间所发行的货币不是为了搞活经济，而是以掠夺为主，导致货币混乱，加上各种国外金、银币货源充足，中国很多地方甚至只愿意用外国币，而不收本国钱，目的就是担心国内货币不靠谱，造成贬值。从这一点上来看，中国的货币政策已经有了近代美元的风范，主动将自己波斯化、拜占庭化，以避免货币失去价值。可以说，当时的中国在选择货币时，意识是非常超前的。

这种对外币的依赖一直延续到了隋唐，是大唐盛世的出现改变了这一局面。唐朝政权稳定后，政府觉得老用国外的钱有失大国的体面，再加上新朝建立后铸造钱币不仅是传统，也是一种象征。于是，又开始统一规格铸造铜钱。因此，铜钱再次成为国内的货币。但在和西方贸易时，对方还是要求必须用金银支付，因此金银依然是中国在进行对外贸易时使用的货币。中国从此又回到了双轨制：铜对内，金银对外。

唐朝的国力强盛，疆域广阔，所以黄金数量比较多，其中一部分来自于北方黑龙江一带所开采的，而另一部分则是来自海上贸易。当时唐朝的主要贸易伙伴有波斯、印度，还有素来以多金闻名的南洋及大食国（即阿拉伯帝国），所以金子滚滚而来，根本不成问题。

唐朝的银子也经常被拿来当作对外货币使用，这主要是受中亚影响。中亚地区银子很多，因此流通的也是银制货币。唐朝人在与他们交易时就满足他们的喜好，直接付给他们绢帛，而在绢帛不够时就会用银子来计算。

唐朝的外贸路途很多，像波斯、大食等国既有陆路贸易，也有海路贸易，岭南、福建、扬州等地都是对外的码头。都城长安也不例外，随处可见外国商人，其中广州人数最多。即使到了唐朝后期国力衰退之际，广州的外国商人仍数以万计。据说黄巢攻陷广州时，被杀的伊斯兰教徒、犹太教徒、基督教徒、拜火教徒就有12万人。而福州则是中日贸易的中心。

唐朝的国势如此之盛，以至于除了金银，波斯和日本以及西域诸地对唐朝的铜钱也是来者不拒，因为这些商人意识到他们日后反正还要回长安进行贸易，消费是必不可少的。从这里我们可以看出，这时的唐朝已经有了类似现在汇率结算的雏形了。另外，唐朝的铜钱也作为官方货币在这些国家流通，这就等于扭转了当年中国被迫使用外国货币的局面：中国不再被别人波斯化、拜占庭化，而是外国开始出现了“唐钱化”。另外，唐朝使用的汇票“飞钱”更是已经具备了纸币的雏形。

在汇率方面，唐朝也出现了质的飞跃，就是将其职业化，并利用汇率获得了数不清的财富支撑起了这个巨大的帝国。当时的长安是大唐帝国的政治、文化、金融中心，是各地外商向往之地，很多外国商人甚至直接长期驻扎在皇城里。而当时的汇率并不规范，每个外国商人从本地带来的货币千差万别；另外，即使是中国的货币也没有完全统一，出现这种情况的原因很简单，就是唐朝的货币是由各地的铸币局负责制造的，没有中央统一的规格。这样一来，长安城里货币繁乱，什么样的货币都有，因此使得当时专门从事兑换业务的商人组织以及金银店从中渔利。而这些商人通过汇率赚取的利润，就像血液一样，在中国境内不停流转，从而为自己创造了更多的财富。

虽然获取的财富同样惊人，但唐朝人和波斯人的兑换手段是很不一样的。在汉朝时，对外贸易中的金银不像钱，更像是货物，波斯人套利的方法和利用货物差价赚钱几乎就是一样的；而唐朝由于来往的外国商人较多，其兑换是由于贸易频繁，此时的金银就不是货物了，而更像是现代意义上的货币，即拿了外国的钱是因为将来出国消费比较划算。所以，在大唐，这些货币的兑换和换算也更像现代意义上的汇率。

除了唐朝以外，另一个通过汇率获得极大利润的国家是阿拉伯帝国。在当时，阿拉伯统一了中东地区，把以前波斯人所担任的角色换成自己，成为大唐与西欧交易的媒介。西欧当时的生产力比较低，除了钱，什么都没有，虽然查理大帝时期可以通过阿拉伯人这一中介得到中国货物，但自己手里没有什么能拿得出手的商品，只能输出金银，这让阿拉伯人十分开心。所以，阿拉伯人只要干贸易就能赚钱，而且还是赚大钱，从中国倒腾些东西过来就能换到金子，稳赚不赔。

除了从贸易中赚取巨额利润以外，阿拉伯人继续利用中国银贵金贱、欧洲金贵银贱的传统从中大发横财。由汇率所产生的利润是阿拉伯文明兴盛的重要支撑点之一。依靠着贸易和汇率产生的财富，阿拉伯人打造了和唐朝不相上下、欧洲人难以望其项背的巨大帝国。

虽然汇率是缔造帝国的一大功臣，但此时仍是一种筹募资金的手段，和做买卖赚钱没什么区分，其对经济的重要性还不能完全体现。汇率真正开始展露其能兴国、能亡国的真面目，是在宋朝。而其不幸的受害者，是金国，它成为汇率击溃的第一个帝国。

（二）古代的汇率战争

俗话说，天下合久必分，分久必合。而且中国的王朝更替已经成为一个规律，即使强盛如大唐，也不例外，最终盛极而衰。所谓成也萧何、败也萧何，唐朝虽然靠和胡人进行贸易发了财，但大唐也是亡在安禄山、史思明两个胡人手里。中国由此从盛世进入乱世，外贸生意虽然还在做，但已不是核心，因为对老百姓来说，首要的任务就是想办法活下去，发财什么的，都是非分之想，更不会去想倒腾什么国际货币了。再说五代十国时期，盘踞在各地的那些说不出名的大小国家都发行了不少货币，而对于自己国内的汇率换算都是一笔糊涂账，更不要说影响国外了。

而赵匡胤创建的宋朝对当时混乱的时世来说也算不上是一剂猛药。宋朝虽然文化兴盛，但征战是要靠拿刀子上前去猛砍的，想靠吟诗作赋吓退敌人，门都没有。所以，宋朝文人辈出，但论打仗，还真不是外族的对手。

而在货币政策方面，北宋的货币体系复杂，有纸币、铜铁钱、白银等五花八门的货币，全都在国内同时流通，而且各个地方各自为政，都有权发行货币，而真正成为全国通用货币的是银和绢。因此，在汇率方面，宋朝初期的主要精力放在了解决内部矛盾上，大家都想利用国内汇率而大赚一把。

货币兑换本来在唐朝已有现代货币兑换的雏形，但到了宋朝，以前的都作废，一切又恢复了唐以前的模式，货币还是被当作货物来看待。如宋太宗太平兴国年间，在东川和西川，其法定货币是铁制钱，但当地铜价很高，因此商贾就把四川以外的铜钱运到四川去，在那里把铜钱直接当作铜来卖掉，然后在当地再换成铁钱，拿出去流通。

由此，宋朝虽然保持了唐朝很多的传统，但两个朝代的运营方向可以说是完全不一样。比如，宋朝依然保留了唐朝的金银交引铺，负责兑换金银、纸币等不同货币，但唐朝设立金银铺，是面向国际，是为了解决外贸带来的问题，而宋朝设立金银铺，却是面向国内，主要是为了解决国内的问题。

宋朝文弱，其铜钱的地位也不如唐朝强势。和唐钱一样，宋钱也有自己的势力范围，比如非洲、南洋以及印度等地。但更多的时候，他国使用宋钱并非因为宋朝国力强盛，是世界老大，而是因为外国把宋钱当成货物，是用于进口的。这些外国的商人都是直接把宋钱买来当作本地钱币使用，其中做得最过火的是日本。这样一来，宋朝的铜钱奇货可居，全被外国商人买走了，以至于铜钱在大宋的疆域倒里没几个了。所以，宋朝的钱就真是“钱”，在国内的购买力远胜于其他货币。

另外，宋朝在货币政策上也有许多可取之处，至少世界上第一种纸币——交子就是北宋时期发行的。不过，交子虽说是钱，在国内流通的地域和使用范围却不广，更不要说国际上了；外国人千辛万苦地跑到中国做买卖，拿自己的货物不换金银绢帛，只换走一堆纸，搁谁眼里都是极不划算的买卖。所以，当时宋朝外贸的结算货币还是以贵重金属为主。

宋朝和唐朝金银并重的手法并不一样，在宋朝，进行外贸交易时，一般用白银结算，而且白银的价格一直保持得很稳定。相比之下，宋朝的金价就高得离谱，因此在进行对外贸易时，金子就很少用，只是作为储备用。

宋朝之所以选择使用白银，说起来也是无奈之举。因为在西域白银是国际通行的货币，而辽、西夏因为位置关系，主要和西域做生意，要做生意，就要钱，而辽和西夏都不产白银。缺少了这个硬通货，就难以做生意。好在辽和西夏有一个好邻居——宋，不仅有钱，而且还相对懦弱，只要“打几巴掌”，就能让宋吐出钱来，成为真正的“送”国。

因此，辽和西夏开始用武力强迫宋朝每年进贡时都付出白银，而白银也就如此糊里糊涂地成了宋朝的主要外贸货币之一，而大多数不垂涎宋朝铜钱的国家对白银是持欢迎态度的。而像阿拉伯这样有自己货币系统的国家，在进行国际贸易时，还是会用传统的金银绢帛结算，不过此类交易的比重比原来少了很多。

两宋长期使用白银，使得白银的价格变得越发稳定，不但不会产生可怕的通货膨胀，甚至还颇为保值，和纸币等那些不靠谱的货币形成了鲜明的对比。白银价格大致稳定，是因为宋朝通过出口获得了数不清的银子。此时金银价格的比率保持了原有的趋势，在欧洲为 1 ∶ 12，在中国和阿拉伯则都是 1 ∶ 6 左右，故双方一拍即合，皆大欢喜地用银子来结算。欧洲人付银子便宜，所以中国人得到的银子比国内价高。这样一来，中国出口换回来的大多数就是银子了。比如，中亚素来盛产白银，欧洲在 12~13 世纪产银也很多，但两地后来银子都很紧缺，那这些银子都去哪了？毫无疑问，都被大宋的商人赚走了。

阿拉伯国家本来黄金就多，相比之下银价就较高，据说这是因为当地银子不是那么多的缘故。但后来阿拉伯的银价实际上是下跌了，金银价格的比率从 1 ∶ 6 下跌到了 1 ∶ 10。很多分析认为，这是因为阿拉伯人通过代理贸易获得了大量白银，而银子的数量多到甚至能够影响当地金银的比率，由此可以想象这几百年中阿拉伯人获得的白银数量之多。在这许多白银中，有很多是阿拉伯人为中国做欧洲贸易中介时得来的抽成，以及从汇率中获得的利益。阿拉伯人当“倒爷”做到这个地步，也可以说是神乎其神了。

宋朝为什么使用白银结算而不是用金子，一个主要的原因就是宋朝的金子太贵。要知道宋朝是第一个使用纸币的王朝，虽然宋朝的纸币是定向使用，只是一种存钱的凭证，但一旦它能在流通中发生作用，那有权印钱的人就不可能没有想法。所以，宋朝的金子贵是因为纸币发行太多，导致通货膨胀太严重，大家都想存着金子用来保值，再加上“乱世买黄金”之说盛行，因此兵荒马乱中的宋朝有钱人都知道留点金子，在逃难时备用远比拿着一堆破纸有用。这样一来，黄金被所有人攒着，金价也就高涨而下不来了。除此以外，黄金还有别的用处，比如打造招财宝，用来免费发放给金国的宋朝老兵，以此来做他们的路费和招降的信号。这样一来，宋朝就更没有多少黄金来做对外贸易了。

这种局面一直维持到南宋。当时日本由于政府信用陷入低谷，因此人们对日本政府所发行的官方铜钱都不待见，而既有的宋钱因为数量少，所以又不够用。无奈之下，日本只好使出老办法，再次从宋朝进口铜钱以作国内流通之用，而日本人拿来交换的则是他们本国的特产——黄金。

由于日本源源不断地输入黄金，打造中日两国一衣带水的伟大友谊，因此，在南宋时期，以前一直居高不下的金价开始出现大幅下降，但依然没有当作流通之用，大家还是把黄金攒着，以备将来的不时之需。

虽然贸易和汇率使得宋朝通过商业赚了很多的钱，在很大的程度上弥补了和辽、金国以及西夏交战失败造成的损失，但宋朝在对待海外贸易的态度上，却很保守，远没有唐朝开明。

由于宋朝已经发明了纸币，而有纸币的国家因为纸币变成钱非常容易，所以很难管住自己印钱的欲望，所以宋朝的通货膨胀也非常严重。但很多人对这个问题的严重性认识不足，反而怪罪外国人用些廉价商品换走了属于自己的真金白银，并造成铜钱的大量流失，因此宋朝为了保卫钱币，最后不得不禁止了海外贸易和货币外流。但是，虽说宋朝的开明程度比不上唐朝，最后也不能利用贸易、汇率赚钱，可这并不代表宋朝的汇率在历史上就一无是处。实际上，历史中第一场汇率战争，就是在南宋时打响的。

人们都知道宋朝很懦弱，打仗打不过辽、西夏也就罢了，顶多是割地赔款，拿钱摆平即可。但宋的运气的确不好，辽和西夏还没有摆平，结果又出了一个远比辽国凶狠的国家——金国。宋、金本来还是盟国，两国联手攻打辽国，结果在联合作战中，大宋出尽了洋相，对盟国的贡献可以说是负的。最后是金国大胜而宋朝大败，金国灭掉了辽国，并且得陇望蜀，顺手又灭掉了北宋朝廷。对于大宋来说，本来是满心欢喜想借着金国的力量一雪耻辱，把百年来受辽国的气出尽。但没想到，联合换来的却是亡国的惨剧。这对于当时的宋人来说，未免残酷了些。

之后，宋朝当权派跑到江南，又建立了南宋，开始了与金国百余年的周旋，时战时和，胜少败多。熬到最后，不仅要向金国俯首称臣，还要认“贼”做叔，自比侄儿，每年进贡金银财宝，终于再次用丧权辱国为代价，达到了苟延残喘的目的。

南宋和金国周旋，靠打仗自然是不行的，那只能是被逼急了，用来自卫的手段。但南宋虽然打仗不行，做生意却是行家能手。不但继续着海外贸易，本地商业也非常发达，由此一来，在贸易中学到的金融知识和手段也远远超过了前朝。

早在北宋，人们就已经意识到，货币发行权只能为国家所有，苏辙就说：“钱币国之所为也，故发而散之于民。”这个道理放到现在很好理解，不然，也不会把制造假币当作重罪了。而南宋最了不起的地方，是不但有认识，而且还将其付诸行动。南宋发行的“会子”是世界上第一种可以全国流通的纸币。但有这个财政知识，不代表在实行财政行动也是那么回事。因为连年征战，需要经费，不打仗时也因为以前打了败仗，需要靠进贡来保平安，并且小朝廷本身也不那么廉洁，贪污腐败严重，南宋财政时常捉襟见肘。

为了应付财政危机，南宋朝廷采取了一个任何发行纸币的国家都会尝试的解决方案：多印钱。由于纸币制造成本低廉，再加上宋朝此时已经发明了印刷术，而且技术非常高超——不然，现在古董界为什么把宋版书当作瑰宝？技术好，那么钱印刷起来更是方便，朝廷也尝到了甜头，拿纸换钱不仅简单，而且还是一件非常爽的事！再加上当时没有防伪标记，纸钱谁都会印，所以假的交子满街都是，于是市场上流通的货币数量越来越多，货物却不见多，物价自然也就上涨起来了。

但南宋朝廷的官员也不都是废物，还是有一点经济常识的。他们虽然知道印纸换物很爽，但也知道不能过火，钞票的主要目的还是为了流通以促进商业发展。博学的沈括就曾写道：“钱利于流借。十室之邑，有钱十万而聚一人之家，虽百岁故十万也。贸而迁之，使人飨十万之利，遍于十室，则利百刀矣。迁而不已，钱不可胜计。”也就是说，印钱不是不行，但不要太过分。因此，南宋的通货膨胀虽然仍在继续，但还是比较可控，不至于民不聊生。

和南宋并存的金国要说打仗，那的确是厉害，基本上是横扫所有敌手。而金国的经济，虽然说不值得夸耀，但也有值得研究的地方，应该说，其经济最稳定的时期就是早期，也就是以打仗为生的时段。当时，他们自己基本上没什么生产力，主要靠掠夺战利品过活，每过一段时间，就全民集合，拿着刀、骑着马出去抢劫，然后满载而归，回到家里分战利品，大家吃吃喝喝，吃完了，再集合出去抢。因此，金国在早期的经济发展中因为没有货币，所以也没有通货膨胀。

但金国征服了大量土地后，再这样去抢，就不行了，开始需要治国了。由于要和外国贸易，他们也开始使用银子。而国内流通的则是铜钱，主要来源是继承辽国的钱币、从宋人手中获得，或者和日本人一样四处购置，反正没一样是自己铸造的。但宋钱流失太过严重，毕竟，骑在宋朝头顶上的“大爷”不止一个，所以，在金国流通的铜钱也不够用。这时，他们发现南宋将纸币搞得有声有色，这让他们大开眼界，于是决定有样学样，也发行了“宝券”在国内流通。

但纸币就好像喝酒一样，少喝一点没什么坏处，还能增强健康指数、愉悦性情，即所谓小酒怡情。但酒这玩意儿诱惑性太大，很容易上瘾，不是每个人在酒面前都有自制力的。很多人只要试了一次，就不禁想试第二次，而且越喝越多，直到喝到自己玩儿完为止。印钞票也是如此。

南宋人好歹有点儿文化，懂得一点儿金融常识，知道印纸币不是世界上最好的经济良方，好像一个知道过量饮酒有害会健康的人一样，虽然不免喝得飘飘然，但还能把持自己。

但金人是游牧民族，一切有文化理论的知识都是看样学来的，知其然而不知其所以然，因为没有货币的理论基础，所以好像一个只看到别人喝酒、于是自己也想喝的人，喝了一肚子酒，却不知道喝酒太多也会致命。

就这样，在纸币的诱惑下，金国慢慢迷恋上了纸币，在中后期流通的纸币越来越多，很快和南宋一样，开始出现通货膨胀。但金国这个抢劫惯了的民族，不知道通胀是怎么回事，不知道节制，还是该怎么花钱就怎么花钱。想打仗但国库里没钱怎么办？只能印纸币。

于是，每一次开战，金国都会大印纸币。这样做的结果可想而知：过多流通的纸币使得金国货币在后期完全成为一堆废纸。于是，能使用银子或铜钱交易的民众，一般都会尽量避免使用纸币，以免自己的辛苦钱因为金国统治者的野心而在瞬间灰飞烟灭。有的民众甚至开始把财富向南宋转移，因为那边虽然也通货膨胀得厉害，但相对程度较低。另外，南宋的经济更发达，钱更容易生钱。

其实，所谓汇率战争，说白了也就是这么回事：让你自愿地把用一种货币保管的财富，转移到另一种货币上去，这样就可以不费什么劲、合理合法地剥夺一个国家的财富。汇率战和一般掠夺战争不同的地方在于，它不做那些明目张胆的烧杀掳掠、实行“三光”政策的傻事，而是让所有人从自我利益出发，心甘情愿地把自己的财富从一个国家转移到另一个国家，从一种货币转移到另一种货币上去。

人们之所以愿意这么做，不外乎一开始讲的那两种理由：希望通过兑换货币获得更多的财富，或者获得更多的安全感。南宋政府为了自保，所以能遏制一下通货膨胀，不愿意让通货膨胀太严重，从而毁掉经济。但金国统治者由于脑子不行，也没那个精力和能耐去管理经济，所以只想着印钱，结果导致通货膨胀严重。于是，汇率战争的两个条件齐全了：向南宋转移财产，不仅可以获得更多的财富，也更安全、靠谱。就这样，金国的财富开始不断流失，更极端的是，有些民众甚至干脆把家直接搬到南方，跟只知道耍大刀的大金说拜拜了。

而在金国，因为没有对货币发行进行控制而一味印纸币，结果就是让整个本就不怎么发达的国家经济陷入恶性循环：每打一次仗，战利品没见怎么增多，纸币却多了，使得货币贬值严重。而货币越贬值，人们就越不信任它，越愿意用银子、铜钱结账，而这份不信任以及对未来的预期（以后还会打仗，纸币会越来越多）只会使得纸币的价格越来越低。而人们也不是傻子，看见纸币的价值越来越低，就更促使人们把自己的金银财宝运到通货膨胀较低的南宋去保管，也就更有人愿意跑到南宋去生活。

跑到南宋的人不仅带去了财富，还带过去了自己的生产力，使金国失去了他们以后所能产生的价值。再加上流失的金银等贵重金属，这意味着金国国内由于生产力丧失，能够用货币换来的东西越来越少，同时由于金银珠宝的丧失，纸币所能够体现的价值也越来越少。由此导致了纸币变得更加不值钱，于是政府就需要印更多数量的纸币来维持国家运转和战争。

由此，周而复始，相当于南宋通过自己稳定的经济而一点一点地吸引来了金国的人力和财富，使得金国越来越衰弱。这当然不是南宋政府有意为之的长期抗战策略。如果这真的是政府的策略，那么这100多年熬下来，也算得上是战略奇迹了。

实际上，南宋这样做的原因是他们懂经济，于是在保护自己的同时，顺手打击了一下不懂经济的强大对手。南宋虽然没有强大的武器和军队，也缺少战马，但就凭着货币汇率这看不见的武器，却奇迹般地拖垮了比自己强大的王朝。

在长期被南宋“吸血”之后，要击溃金国需要的只是那“最后一根稻草”。但让人丧气的是南宋国力轻如鸿毛，连稻草都比不了。就在金国这堵破墙需要人推又找不到人的时候，出现了铁木真领导下的蒙古部落。这个一直被金人欺凌的、同样是游牧的民族终于团结一致，并形成了一支攻无不克的军队。面对这样重如泰山的“稻草”，金国就算背再硬也扛不住。经济的薄弱，使得金国根本没有实力和铁木真殊死一搏，只得节节败退。

但金人在打仗方面毕竟还是一把好手，国家也已经开化，而且瘦死的骆驼比马大，在草原这个广阔的地面上，和铁木真打进攻战有些吃力，但回到金国内地，凭险死守，依照金国的国力支撑一下还是没有问题的。而且，如果后院不起火，开始持久战后，金国和后起之秀蒙古汗国怕也是胜负难分的。但糟糕的是，在这个时候，自己的后院竟然起火了。

仅仅是战争的失败，还不足以压垮金人，毕竟家底厚。但他们怎么也想不到一向被自己踩在脚下的南宋这时起了异心，和蒙古汗国达成了战争联盟，一致攻打金国。

要说打仗，南宋人真不行，哪怕是和被蒙古人打败了金国人开战，一样被打得落花流水。但是，南宋稳定的货币环境在此时对可能面对灭顶之灾的金人来说，吸引力已经大得无以复加了。

因此，在战争中，蒙古人给金人最严重的打击，不是战争上的胜利，而是击溃了金人对自己国家的经济信心，而南宋就是蒙古人里应外合的帮手。

因为要和蒙古人打仗，金国就需要钱，所以印了越来越多的纸币，货币贬值几乎到了无法想象的地步。为了保持宝券的价值，金国政府禁止银子和铜钱在市面上流通，但即使是法定货币，如果贬值过于厉害，那么也只有傻瓜还会用它来进行交易。因此，在这个时候，金国的资产向南宋转移的速度也开始加快，成了前方紧张，后方银钱“大搬家”。反正银子和铜钱在金国国内也用不了，人们又多了将贵重金属移送到南方的动力。除此以外，禁止银子和铜钱的另外一个结果，是金国的经济完全崩溃，所有商业行为在一夜间全部消失。人们不再生产任何非生活必需品，即使生产了也不进行买卖，全部自己用光。

而那些生产其他货物的人们，因为很容易成为战争机器的被吞噬者，所以为了自保，就开始逃难，希望在南方过上安逸的生活。由于国家内部土崩瓦解，金国的士兵溃不成军，更何况他们也知道，反正打赢了也不发钱，回家也没饭吃，因此打仗就没有了动力。就这样，金国很快就被蒙古人给灭了。

宋蒙联手，表面上看南宋不长进，没有什么能耐，打金国时的所有体力活都是蒙古人做的，但实际上，南宋维持了相对稳定的货币环境，造成了宋金之间的汇率危机，使得金人四处逃难、无心恋战，这才是真正的釜底抽薪，是对金国崩溃的致命打击。

南宋为了稳定自己政府而进行的这场汇率战争，是历史上第一次大规模地使用货币进行的战争。虽然在当时不可能有什么人想到这是货币的威力，所以多半是无心插柳柳成荫，但从中仍可以发现日后汇率战争的影子。

所有经济中强势的一方，最终获胜的法宝都只有一个：用自己的资源和财富击垮对方经济体的信心，而汇率的一泻千里，则完全体现了这种信心的丧失。如前面讲的，经济和货币之所以能够存在，全在信心二字；如果信心没有了，那么所有的一切都会灰飞烟灭，好像金国一样。当然，如果对方能够自掘坟墓，又有蒙古铁骑推波助澜，那么自然效率加倍。

但南宋的汇率战争毕竟不是有意为之，他们并没有什么后招，也没有计划在金国崩溃了后该怎么办。这样没有长期规划的小朝廷最后能落个什么样的结局，用脚指头都能想到。蒙古人不会再等100多年，让南宋慢慢搞垮自己。他们再接再厉，很快将南宋变为了自己诸多的战利品之一。两种纸币之间的战争虽然帮助宋人雪了恨，但最后的结果却是协助蒙古人灭掉了金宋两国，建立起了当时世界上有史以来最庞大的帝国元朝。

然而，纸币带来的“崩溃效应”，并没有就此终止。元朝人对于印钞这种简单而又能带来享受的事情十分喜爱。元朝人所建立的帝国横跨欧亚大陆，帝国疆域广大，导致国际贸易减少；当年很多的国际贸易，现在都成了帝国境内的国内贸易。于是，当时帝国境内的兑换业务，只相当于宋朝各地不同币种的兑换，并且受政府管制。元朝的兑换业务集中在银铺，银铺同时负责金子和铜钱的兑换，但各种贵重金属都被禁止出口。

在境内，元朝发行了数种纸钞作为官方货币，其中以“中统钞”最为长久，“至元钞”则是历史上第一个并无替代券性质的纸钞。受帝国中亚地区流通白银的影响，元朝聚集了大量白银在国库中，形成了形式上的银本位，从而把银设立为货币单位基础。

元朝储藏了大量银子，作为帝国国库储备之用，同时在全国境内禁用铜钱。但是政府允许铜钱出口至日本，因为日本人还是愿意用黄金换铜钱，这让元朝人非常高兴。元朝纸币非常兴盛，连远道而来的马可·波罗都被震到了。而这种印钞的做法，让日本、朝鲜、印度等觉得很是新鲜，于是都开始模仿中国使用纸钞。

元朝人虽然也是马背上的民族，但还是比金国人聪明一点，他们很早就意识到，无限制地发行纸币看上去很美，但可能是一场灾难性的行为。当时的学者许衡就讥讽道：“夫以数钱纸墨之资，得以易天下百姓之货。印造既易，生生无穷，源源不竭，世人所谓神仙指瓦砾为黄金之术，亦何以过此。”本来嘛，谁也不是傻子，政府再说纸币值钱，太多了人家也不相信，怎么会让你活扒皮？

但这并没有阻止政府饮鸩止渴。元朝早期虽然努力稳定纸币价值，但江山易改、本性难移，元朝也是一个喜欢打仗的国家，还是老道理，打仗就需要钱。立国后的元朝士兵，已经不是成吉思汗时期凭着首领几句话就热血沸腾、死活不顾的汉子了，也是要先拿到钱才肯卖力的。

于是，元朝就开始通过大量印刷纸币来筹集军费。元朝的第一个目标是宋朝灭亡后就不来朝贡的日本，但因为“神风”刮翻了所有战船而作罢，但即便如此也把日本人吓得够呛，日本也因防备蒙古人而几乎破产。之后，蒙古人又攻打了缅甸、安南、云南等地，以至于民不聊生。经济破产加上中原人反对外族统治，蒙古人的帝国在不到百年后就土崩瓦解了。

至此，中国的外贸已有了近千年的历史，从早期的初级贸易时代，到中期的大唐盛世，再到后来专精于生意的宋朝，汇率在中国也经历了诸多阶段：最先是世界通行的货物，到了唐朝略有现代货币的风采，而到了宋朝虽然货币的意义褪色，但纸币却阴差阳错地成为击败敌人的制胜法宝。

但遗憾的是，最先有汇率意识的中国人，却在这个时期后在货币和汇率方面停滞不前，货币和汇率也不过是这些作用而已。真正领导货币和汇率进入现代社会的，反而是近千年以来一直发展落后于东方的欧洲。

（三）欧洲现代汇率的崛起

如果在公元1000年的时候设立一个赌局，让人下注赌一赌谁将为下一个千年的地球文明开创现代金融业，估计彩头就是再吸引人，也不会有什么人去选择欧洲人。理由很简单，穷得只剩下钱的欧洲人，是要什么没有什么，能苟延残喘就是祖坟冒气了。但世界上的事就是这么有趣，当时占据领导地位的阿拉伯和中国相继衰败，欧洲后来居上，开创了现代金融业，这再一次证明了“穷人的孩子早当家”这个真理。

欧洲文明在希腊、罗马时期达到鼎盛，但自从罗马被“野蛮人”攻陷后，欧洲就没有缓过劲来，一直在走下坡路，并很快步入了黑暗的中世纪。在贸易方面，这段时期的他们生产不出什么好东西来，却还一门心思地想要外国的好东西。怎么办？于是，欧洲的金银就大量地流入中亚和中国。

这样的情况一直持续到中世纪后期，由于长年贸易逆差，欧洲就是再有钱，也禁不住金银这样流水似的流出。于是，这只骆驼也被稻草压趴下了。此时的欧洲贵金属奇缺，如此一来，不但没有钱去购买来自中国的奢侈品，自己境内的交易也因为货币短缺而受到了影响。为了解决本国的经济困难，欧洲大陆的人们也想不出什么好办法，就暴露出了人类野蛮的天性——抢。于是，他们开始集结军队，踏上了掠夺他国财富的道路。

所谓“远交近攻”，首先遭到他们入侵的是他们的近邻——因为贸易而富庶的阿拉伯。欧洲人要打阿拉伯，找了个很可笑的借口。他们拿出自己的《圣经》，说自己祖先的发源地在耶路撒冷，现在被阿拉伯人占了，他们要夺回祖先的领地。于是，欧洲人以要夺回耶路撒冷圣地的名义发动十字军东征，沿途烧杀抢掠，无恶不作。

但是阿拉伯当时国力很盛，而且打起仗来也是非常厉害的，不然，怎么能建立起横跨欧亚非的大帝国？再说了，阿拉伯人对宗教也很虔敬，《古兰经》里也说耶路撒冷是穆斯林的圣地，怎么能让欧洲人抢回去？

双方拉开架势就打，虽然欧洲人在此期间也有斩获，但长期打来打去，欧洲人最后并没有占到什么便宜，只得灰溜溜地回老家。但他们中也不是没有获益者，运气好的一部分人还是得到了不少钱财，其中就包括在《达·芬奇密码》《傅科摆》《天国王朝》《印第安纳·琼斯》等著名作品中被屡次提及的所谓“圣殿骑士团”。

圣殿骑士团因为东征而起家，他们在战争中通过掠夺而大发横财。当然，这些圣殿骑士最后并没有高尚到把抢来的财富献给上帝，而是各回各家后，依靠这些抢来的财富成了大地主，同时还向周围百姓以及统治阶层放债，成为中世纪欧洲的暴发户，被众人视为地痞恶霸。

虽然暴发户的名声不好听，但是团结力量大，圣殿骑士团的人数众多，将他们在欧洲的势力加起来，和当时实力最大的教会比起来，也差不了多少。但好景不长，因为太有钱外加为富不仁，圣殿骑士团惹了众怒，成为统治阶级垂涎和掠夺的对象。再有钱的土豪也只是民众，统治者一发号令，这些骑士团的骑士就全部被抄了家，所有骑士都被严刑逼供后被处死。

虽然有的人从事了“山贼”这份很有前途的职业而有了点气势，但这些有了点小钱的欧洲人知道自己也就是有点小钱的小地主而已，要真正过上花天酒地的生活，那些钱是难以支撑的，需要继续搞创收。但关于该如何继续发家致富却有了两派不同的意见：一派文，一派武。其中武派以西班牙人、葡萄牙人为代表。他们的指导思想是，打不过阿拉伯人也没什么。世界那么大，可以去别的地方看看，可以远渡重洋，看看大洋彼岸是不是能够找到金山银山，如果有，就搬回来。打仗的能耐没有，难道当搬运工的能耐也没有吗?

于是，西班牙人和葡萄牙人上船就出发了，开始在茫茫大海中寻找看不见的财富。这帮人还真是走运，“金山银山”真的被他们找到了。这些本来打算绕过阿拉伯直接去印度、中国的西班牙人阴差阳错地来到了美洲，而更让他们感到高兴的是这里真的有金子、银子。更妙的是，由于当地的金银太多，当地人根本就不把黄金当回事，只把金银当作普通装饰用，西班牙人和葡萄牙人有时用不值钱的玻璃球就能换回一堆。就这样，这些欧洲人乐得仿佛走进了摩尔爵士写的乌托邦。

当地不但金银多，发展的也不错，甚至有了阿兹特克、印加这样的城邦及帝国，但这些人对打仗却完全不在行。虽然人数多，但无法组织起来，打仗时就只会乱喊瞎冲。能航海的西班牙人和葡萄牙人都很精明，略施小计，就把这些印第安土著人哄得团团转。就是上阵交锋，这些欧洲人也占了优势。因为美洲不比欧亚大陆，不产马匹。这样一来，当地人人数再多，也不是拥有马匹的欧洲人的对手，甚至一看到马就害怕。1532 年 11 月 16 日，西班牙远征军领袖皮萨罗如入无人之境，单靠 62 个骑兵和 106 个步兵就击溃了数万人的印加大军，在几个小时的战斗后生擒了印加皇帝阿塔花普拉。在墨西哥，故事几乎如出一辙，有宝藏的蒙提祖玛也很快被人数不多的西班牙人俘虏。

当西班牙人抓到这两位皇帝后，马上要求当地的臣民用足够装满一间大屋子的黄金、白银来换取两位皇帝。土著人实诚，只要能换回首领就行，哪里还把那些金银放在眼里。于是，马上就按欧洲人的要求，献来了大量的黄金、白银。

西班牙人和葡萄牙人知道这些土著人有钱，但没想到这么有钱，贪婪之心立刻冒了出来：这里的人如此老实，如果当他们的首领，那他们的金银不就是我们的了？结果，作为人质的皇帝被杀，所有土著人都成为欧洲人的奴隶。

西班牙人在完全征服美洲后，开始驱使土著人去矿山里服苦役，挖掘和运输金银。仅仅是在玻利维亚的波托西山，西班牙人就累计运走了45000吨白银。而这些银两都是以血的代价换来的，无数人都因为工作条件恶劣以及路途危险而不幸丧命。当地人到死也没有想明白：为什么西班牙人会为了这点不值钱的东西来迫害自己？他们的悲惨命运，恐怕就是我们常说的匹夫无罪，怀璧其罪吧。

西班牙人靠征服美洲人发了大财，但金钱多了，有时也是坏事。腰包鼓起来的西班牙人丧失了以前勇于进取的野性。首先，掠夺来这么多的金银让他们变得大手大脚，做事情时开始不计算成本。比如，盖一座乡村教堂，也要包金裹银，一座赛一座的富丽堂皇。而且，腰包鼓起来的西班牙人也开始有了自己"天下第一"的心态，认为只要有钱，还有什么不能做的？以前打仗不行，现在有钱了，打仗还不行吗？于是他们开始到处征战。

但是，真打起来才发现，腰包里装着钱，还真不好打仗。没多久，西班牙人的好日子就到头了。首先是西班牙人到处碰壁。之后，美洲出产的黄金和白银开始少了起来，并且价值越来越低。而习惯了没钱就从美洲运的西班牙人已经忘了该怎么去做生意或生产来赚钱，也忘了该怎么节约花销。不会开源节流的西班牙人很快被战争给拖垮了。

西班牙人获得了黄金、白银，不但没有过上锦衣玉食的好生活，最后还赔了夫人又折兵。钱不但贬值，而且也都被花光了。有了金银，反而是一年不如一年。虽然现在国土面积在欧洲算数得着的，但反而沦为欧洲的三流势力。很明显，靠他们这一派四处征战而发家致富是一个错误的途径。

欧洲现代银行业和汇率的兴起，还要靠另一门派——商人。

西班牙的衰败是因为他们忽略了一个最根本的问题。他们误认为这些贵重金属本身就有价值，而没有意识到货币的价值不是货币本身，而在于其所能换来的东西。他们抢了美洲的金银，使其在欧洲流通的数量大幅增加，但欧洲的生产力还是老样子。这就等于欧洲的钱多了，但货物没多，是典型的通货膨胀。因此，他们运过来的黄金、白银越多，越不值钱，因为这些黄金、白银所带来的购买力微乎其微。

真正得益的是那些有货可卖的商人们，他们的货物价值在一堆没什么用的金银中间越来越高，换来了越来越多的金银。而这额外的流动性使其有了资本去做更大的买卖，去远方换取更多的东西，然后拿回来再换取更多的金银，以此形成良性循环。而他们在金银越来越多的时候发现需要有更多的方法来利用资本，使其产生效益，而现代银行业和汇率就因此而产生了。

一开始，欧洲人所利用的金融工具其实和中国人没什么差别，也是开个像现在的银行一样的金银铺，然后开始进行各种货币的兑换。后来，由于在金银铺进行兑换的金额越来越大，其他有了闲钱的人也把自己的财产寄存在金银铺里，因为他们认为金银铺的保险柜最结实，不会被不怀好心的人抢走。

金银铺有了充足的资金之后，也不能把钱就这么放着占地方，而是开始将金钱借出以收取利息。除了金银铺以外，还有一个资金来源就是犹太人。当时很多地方的基督徒因为《圣经》中禁止收利息，所以无法参与到金融业中。而犹太人信奉犹太教，不把《圣经》的规定当一回事。而由于犹太人不被欧洲人待见，被禁止参与其他行业，所以职业放高利贷正好成了他们的“不二人选”，以至于直至今日犹太人在金融业中的地位依旧举足轻重。

这些充足的资金以及随后掠夺来的外国资本的注入，使得更多的欧洲人开始专注于航海贸易。从 14~15 世纪开始，靠海的意大利一带成为欧洲海外贸易的中心。当时最强大的城邦，如威尼斯、佛罗伦萨、热那亚等，都是传统的海外贸易强国，并靠着做生意而发家致富。当时五湖四海都能看到意大利人的身影。莎士比亚的《威尼斯商人》中在写到 16 世纪的意大利商人安东尼奥时，说他“有一艘商船开到特里坡利斯，另外一艘开到西印度群岛”，同时还有“第三艘船在墨西哥，第四艘到英国去了，此外还有遍布在海外各国的买卖”。由此可见这些意大利城邦的贸易是何等发达。

贸易带来的不仅是货物，还有来自各国的钱币，但这些钱在当地不被承认、无法流通，于是为航海的商人提供兑换服务成为当务之急，而那些脑子转得比较快的人们率先成了受益者。

这些人拿着一个板凳，坐在那里为急需用钱的商人进行兑换。一开始这些人只是在板凳周围进行着小额的兑换和预支服务，渐渐地，业务多了起来，办理此类银行业务的场所开始成为正式机构。但饮水不忘挖井人，今天的“银行”一词，其实就是由“板凳”一词演变而来的。

在诸多从事银行业务的人中，最出类拔萃的要数佛罗伦萨的美第奇家族。其实，在开始时这个家族是混黑社会的。美第奇本是佛罗伦萨的豪门望族，本身也有点黑手党的性质，数名家庭成员都曾因为犯罪而被捕，其犯罪记录一直保持到今日。但美第奇人脑袋比较灵光，很早就意识到为商人们提供兑换业务是一个很有前途的职业，而且也知道混黑社会在意大利这个日后的文艺复兴之地是没有什么前途的，至少不会被人瞧得起。于是，在积累了早期资本之后，美第奇人开始涉足金融业。但是，他们发现，光坐在板凳上小打小闹是不行的，要想发财一定要做大。

为了实现这个目标，美第奇家族开设了正式的银行，提供兑换、汇票、存储等业务；美第奇银行还在欧洲各地拓展业务，每个大城市都设有分行。他们的操作方式也与众不同。和中国后来的钱庄、票号一样，美第奇银行各地的“掌柜”都不是自己的雇员，而是自己的合伙人，如果赚钱了大家可以一起分。这种经营模式吸引了大批的商业奇才，使得美第奇家族的业务蒸蒸日上。

当地人意识到跟着美第奇有肉吃，都格外玩命地给他们干活。很快，美第奇银行的业务已不仅仅限于兑换、汇票等服务性业务，他们意识到，用钱赚钱远比提供服务收费更有利可图。他们开始在各地收购政府债券，同时，他们意识到各地货币的价格迥异，于是又开始将大笔的资金用于炒外汇当中，利用各地汇率的差价疯狂套利。

很快，美第奇家族依靠着银行业，成为佛罗伦萨最富有、最有权势的家族，前后诞生了三名教皇、数名佛罗伦萨统治者，更有不计其数的分布于欧洲各地的王公贵族。除此以外，美第奇家族对艺术文化的影响也颇深。达·芬奇、米开朗基罗等艺术家都曾得到美第奇家族的赞助，米开朗基罗更是曾与美第奇家族共同生活了数年，而著名油画《朝圣者》中所画的围在婴儿时的耶稣旁边的一群人，全都是美第奇家族的成员。另外，欧洲著名的政治巨著《君主论》也是佛罗伦萨人尼科洛·马基雅维利为了吸引美第奇家族的注意而撰写的。而这一切的根基，都是从板凳上换钱开始的。

（四）汇率战争奇观

在谈到美国的时候，人们总会说这是个得天独厚的好地方，有着广阔的国土，充沛的资源，更是有地缘优势。西临太平洋，东临大西洋，天然地阻隔了外敌入侵的道路，而北面的加拿大堪称美国的前院，人丁稀少，在政治、经济上没有多少独立的话语权，军事上也懒得发展，一门心思地靠着美国享福，属于完全依附于美国的主权国家，各方面看起来都相当于美国的一个州。因为同为欧洲后裔的血缘背景，让美国非常放心这个人口还不到2000万的“大国”，两国之间非常友好，充满了兄弟国家的温情脉脉。但对于美洲大陆上的其他国家，美国就没那么好说话了。

美国在脱离英国殖民统治后迅速强大起来，而拉丁美洲也先后在19世纪中期通过轰轰烈烈的民族解放运动逐步脱离了殖民统治。从此，对美国的经济政策和外交政策成为拉丁美洲国家所面临的主要课题。

不过，美国的心思和他们的欧洲“亲戚”并无本质区别，也是一门心思地想从拉美国家那里搞到一些财富，不同的是，美国人不像他们的欧洲前辈那样野蛮，靠打打杀杀去掠夺黄金和剥削种植园的奴隶。在美国人看来，这样做太丢面子，也不符合建国精神。于是，经济殖民就成了美国掠夺拉美的方式。

在之后的漫长岁月里，美国通过强大的军事实力，对拉美地区的事务进行粗暴干涉，扫除异己，帮助亲美政权建立统治，继而通过“门罗主义”“泛美主义”以及“华盛顿共识”主导下的“新自由主义”慢慢解除了拉美国家的思想武装。最终，在一切都铺垫完毕的时候，彻底控制拉美地区的经济命脉，使其沦为美国的附庸。

从 20 世纪 80 年代开始，美国为了更好地使用美元汇率这个超级武器，煞费苦心地在拉美推销“新自由主义经济”，以国际金融财团控制下的国际货币基金组织、世界开发银行、美洲银行、世界贸易组织等国际组织为掩护，开始了新一轮的经济殖民运动，而第一个被美国算计的就是邻居墨西哥。

墨西哥的经济危机，是拉美国家的一个缩影。墨西哥地理位置独特，由于毗邻美国，所以在政治、经济上受美国的影响非常大，不过，一条国境线隔开的却是两个世界。对于大多数穷困的墨西哥人来说，北边的美国简直就是天堂，怀揣着一个流传了好几个世纪的“美国梦”，每年都有上百万人偷越国境，去这个充满了机会的“自由”国度淘金。

就是这样一个国家，它的发展历程中究竟发生了哪些事情，导致了一而再、再而三的危机和动荡呢？说起 1994~1995 年的墨西哥金融危机，就不能回避从 20 世纪 80 年代开始墨西哥经济就面临的问题。

冷战时期，美国忙于与苏联争霸，由于政治格局的原因，“新自由主义经济”思潮还没有出世，而全球化的浪潮也还没有到来。此时的墨西哥，抓住这一历史机遇，利用与美国接壤的有利条件，大力发展出口，而 20 世纪 70 年代的石油危机导致的油价上涨，则加快了盛产石油、天然气的墨西哥经济发展的步伐，在近 20 年的时间里，就创造了一个“拉美奇迹”。到1980年时，墨西哥经济的整体规模已经接近比利时、澳大利亚等发达国家，居世界第11位。在石油美元的帮助下，墨西哥的经济发展表现得非常突出。外国资本也开始大量涌入墨西哥境内，掀起了一股投资的高潮。

不过，这个时期的墨西哥，并不是所有人都过上了富足舒适的生活，贫富差距拉大的社会现象愈演愈烈，绝大多数普通民众还在贫困线上挣扎，而且工业基础薄弱、经济增长模式单一也是早已存在的问题。于是，为了振兴民族工业，同时加强已有的石油化工产业的实力，墨西哥政府通过大量公共投资行为，来缓和经济增长和社会发展之间的矛盾，改变经济增长模式。可是，事与愿违，这样做非但没有有效解决问题，新的麻烦却悄然出现。从此，墨西哥的经济增长便主要依赖政府投资作为驱动力，导致墨西哥必须持续增加财政赤字以维持庞大的公共投资。最终，墨西哥财政赤字大幅提升，负债累累。

墨西哥经济发展中的另一个问题也非常突出。由于财政赤字大幅增加，给外国资本对举债度日的墨西哥实施高利率进行盘剥创造了可能。然而，墨西哥政府却对境内外国直接投资的利润汇回视而不见。投资国每年将2/3的利润汇回国内，而将另外1/3用于再投资以扩大生产规模，这样的态势，导致墨西哥渐渐资不抵债。

祸不单行，由于墨西哥和美国经济的联系过于紧密，出口严重依赖美国市场，而本国的投资又仰仗美元的持续流入，所以，在随后的第二次石油危机中，由于美国实施经济紧缩政策，导致大量投资撤回国内，墨西哥便陷入了经济萧条之中。经济不景气，财政收入减少，而外债更是难以偿付，巨额外债使得1982年还本付息高达158亿美元，最终墨西哥出现了外汇枯竭、清偿拮据的严峻形势。

就在墨西哥的债务危机引发连锁反应，经济危机愈演愈烈的时候，美国出手了。对美国来说，这次介入不但要稳定后院的局势，更要借此将墨西哥完全纳入全球化的体系之中，为拉美国家进一步推行市场化导向的经济改革打下基础。在这次危机中，美国操纵国际货币基金组织，扮演着国际反危机的中心角色。

美国人主导的国际货币基金组织为墨西哥制定的稳定计划主要针对通货膨胀，主要政策包括市场化改革，进一步私有化，大量裁减国有企业的工人，进一步减少政府开支，进一步削减公共开支和公共福利，进一步放开金融体系，进一步放开外汇管制和资本市场，放开国家贸易，放开资本流动，降低工资，提高利率，货币贬值，等等。简而言之，国际货币基金组织就是要通过危机把墨西哥进一步纳入全球化和“新自由主义”体系中。想获得国际贷款的前提条件，就是毫不犹豫地执行这些改革方案。

从此，以偿付外债为主要目的的出口导向型经济在墨西哥经济中的比重变得越来越大。所以，美国这次出手的实质，就好比一个富人借钱给穷人，但要求穷人今后尽一切可能提高还债能力，向富人提供所需产品，赚来的钱再来偿付所欠富人的外债，如此循环，最终受益的仍然是富人。由于答应了这次贷款的附加条件，墨西哥从此便失去了按自己意愿发展民族工业的可能，只能通过能源和廉价的劳动密集型产品换取有限的外汇，而这些外汇最终还会回到债主——美国金融财团的手里。

事情还不仅仅是这样，由于在这次危机的解决过程中，墨西哥被迫放宽了对外国投资的限制，更致命的是全面敞开了金融证券市场，使得外资如潮水一般涌入墨西哥境内。然而，由于没有了金融管制，追求高利润的特性使得这些外资中的 7~8 成都用在了有价证券的投资上面。

金融投资的特点是利润大，风险也大，稳定性极差，任何风吹草动都有可能造成崩盘。而完全按照美国人开的“药方”去“治病”的墨西哥政府，却发现债务危机不但没有顺利度过，外债数目反而像滚雪球一样越来越大，到了 1994 年，竟达到了 1000 亿美元，几乎增长了 10 倍。要知道，当时墨西哥政府的外汇储备只有可怜的 70 亿美元，连还利息都不够，于是，一场更大规模的金融危机将不可避免。

就像许多重大事件一样，隐患一直在积累，但爆发的那一瞬间总需要一些火花的刺激。1994 年年初，由于社会贫富差距日益拉大等问题，引起了墨西哥恰帕斯州农民的武装暴动。3 月，墨西哥革命组织党的总统候选人遇刺，更使人们对墨西哥政局的稳定产生了怀疑。此时，由于担心债权无法收回，一些外国投资者便开始大量抽走资金，墨西哥的金融局势开始有点山雨欲来风满楼的感觉了。而已经出现的抛售比索的苗头导致了比索贬值的压力加大，金融风暴一触即发。

面对这样的局势，如果墨西哥政府此时果断地恢复严格的金融监管政策，保持比索币值不变，暂停支付外债，努力扩大出口，并与债权国进行迂回谈判，也许就能够避免危机的爆发，或者减轻危害。但是，刚上台不久的墨西哥新政府领导人却脑子短路，在 1994 年 12 月 20 日非常“果断”地宣布比索贬值 15%，这一无异于自杀的决定，将本就风声鹤唳的墨西哥金融市场彻底摧毁。

恐慌就像瘟疫一样蔓延，本国货币成了烫手的山芋，人们纷纷抛售比索、抢购美元，比索汇率像断了线的风筝般直线下跌。墨西哥中央银行一天之内抛售几十亿美元，仍无法抑制比索汇价的跌势。21 日，政府在失去对局势的掌控后，又宣布中央银行不再干预外汇市场，比索与美元实行汇率自由浮动，导致结果变得更加无法收拾。墨西哥的外汇储备在 20 日至 21 日两天时间内锐减近 40 亿美元。墨西哥整个金融市场一片混乱。而在 20 日至 22 日短短三天的时间内，墨西哥比索兑换美元的汇价就暴跌了42.17%，几乎创造了现代金融史上的新纪录，只可惜，这个纪录不会有人为之骄傲和自豪。

墨西哥的金融危机很快影响了本国的其他行业。比索贬值直接导致物价上涨，市场商品价格大幅上升，银行利率不断上扬，大批企业出现资金困难，以致停产和瘫痪，导致工人大批失业。通货膨胀与不断上升的失业率像两只大手，把大批低收入居民推向极端贫困之中，金融危机演变成了全面的经济危机。

后院起火，美国自然不会坐视不理，当时的美国总统克林顿不顾国内反对的声音，绕过国会，直接动用汇率稳定基金赋予的权力，向墨西哥提供200亿美元贷款的财政援助。与此同时，在美国的主导下，西方七国也一致同意援助墨西哥，国际货币基金组织和国际清算银行分别同意向墨西哥提供178亿美元和100亿美元的贷款。加上其他的一些支持，墨西哥可得到500多亿美元贷款来稳定金融市场。探究美国这次援救行动的原因，克林顿总统讲得非常直白："一个稳定繁荣的墨西哥是符合美国的重要战略和经济利益的。"

首先，墨西哥和美国有着3000公里的漫长边境线，非法移民问题一直是困扰两国的难题，如果墨西哥的局势发生不可挽回的动荡，那更大的移民潮将给美国南部各州带来极大的负担；其次，这次墨西哥的危机，也给其最大的债主——美国带来了巨大损失，不但原来的钱收不回，如果亲美的政府倒台，利益的天平可能就不会再倾向美国了；最后，由美国倡导建立的美洲自由贸易区计划也将因为这次墨西哥金融危机的多米诺骨牌效应而毁于一旦。基于以上三点主要原因，美国才会主动出手援助。

不过，美国的下午茶不是那么好喝的。美国进行援助的方式是贷款，而并不是直接给予，在度过最初的危机之后，其后果就是让墨西哥背上更加沉重的外债包袱。在帮助墨西哥恢复还债能力后，美国银行家不但可以收回援助贷款的本金，还能稳赚一笔。轮回从此开始，在“新自由主义经济”道路上，墨西哥一次比一次需要美国的帮助，政治和经济上的独立也再无从谈起。在稳固全球美元霸权这盘棋上，这也不失为一着妙棋。而对于墨西哥，美国一直是贸易顺差，搞上几次比索的大幅贬值，汇率危机会让人们对美元体系更加迷信，用出口导向型经济换回源源不断的美元成了“大家的共识”。由此，美元体系的稳固程度也将继续增强。

二、人民币背后的投资风云

当前中国的经济形势，面临国内超量的货币供应和发达国家量化宽松引发的通胀潮与国内货币政策回归常态将造成经济增速下降之间的博弈，也就是CPI与GDP之间的争斗。这两年来，人民币贷款增加了17.5万亿，人民币的真实利率长期处于负值，国内热钱涌动，种种商品的期货价格轮番上涨，投机市场上风云变幻，让人目不暇接。

那么，在人民币汇率变幻的情况下，普通老百姓该如何理财呢？

（一）楼市冷暖

在当前的中国，没有什么比房价更让中国人关心了。而作为我国经济支柱产业的房地产，其泡沫问题也开始成为民众关心的焦点。中国的楼市到底有无泡沫？和人民币涨跌有无关系呢？

衡量房地产市场泡沫大小有一个指标叫房价收入比，也就是房价与城市居民家庭年收入的比率。从国际上看，房价的合理水平应该是每户居民3~6年的平均收入。为了将问题解释得更通俗一些，我们拿北京作为例子。2009年，北京市职工的年平均工资是48444元，如果一户北京市民的住房面积按照三口之家的最低标准即30平方米来算，在房价是3~6年的收入的情况下，北京市的平均房价应该是3000多到6000多元一平方米。但谁都知道，这个价钱在北京买厕所都不够。可以说，北京房地产泡沫的严重程度已经是难以想象了。

2005年以来，中国的房地产开始持续升温，房地产投资的年增长率一直都在20%以上，如此具有回报率自然会吸引更多的国际热钱涌入。同时，人民币升值以及资产价格上涨，这双重诱惑使得国际热钱把中国市场当作一个快速发财的市场，尤其是中国的楼市和股市，吸引了太多的国际热钱。

那么，人民币升值又是如何影响中国楼市的呢？

首先，虽然中国日益走向开放，但在股市管制方面，中国对短期资本流入和证券类资本交易实行严格的资本管制，而且中国股市中垃圾股居多，对国际热钱的吸引力不大，所以国际热钱在投机人民币升值的选择上，就对准了房地产。反过来，不断上涨的楼价会吸引更多的国际热钱再投入楼市，又会对人民币造成更大的升值压力。其次，在市场存在强烈的升值预期下，为了保持人民币汇率的稳定，央行每年都会被迫购入大量的外汇，这使得外汇占款成为我国基础货币供应的主要渠道。但是，扩大的货币供给并没有对我国其他商品供应造成什么大的影响，而是大量地流入了房地产市场。

2010年，国家外汇局公布有355亿美元的热钱流入了中国，占外汇储备增量的7.6%，占当年GDP的0.6%，这足以说明违规流入中国的国际游资规模之大。而且据商务部统计，中国的房地产是外资投资的热点，占10年来流入中国的热钱的68.5%。如此多的热钱流入中国，而且外国人也不会在中国长住下去，投资房地产只有一个目的，那就是拉高房价进而获利。这些热钱对吹大房地产泡沫的影响不可小觑。

面对种种状况，中国政府不是无动于衷，而是采取了很多措施来压制房地产价格的上涨。但是，无论是哪一种方法，甚至连最后的限购令出台，都没有起到什么作用。因此，对于期望人民币升值的国际热钱流入中国房地产，拉高房价所造成的房地产未来走势，还需要政府拿出更高的智慧手段来应对。

高房价的后果是显而易见的。但不管怎样呼吁，房地产投资成为一种理财的手段，已是不争的事实。投资房地产的民众，用购买到的房子进行出租，获得收益，也是一种很好的投资获利方式。但从目前来看，这种投资方式获利不多，并不值得提倡。

目前投资房地产的民众有两种动机：一种是为卖而买，即买房为了获利。这些人游走在全国各城市间，哄抢楼盘，抬高价格后获利了结。由于市场预期和羊群效应，这类投资客基本上只要抓住了时机，就能赚钱。另一种是基于对未来房价上涨的恐惧，担心未来房价会更高而出手买房。

不管从哪方面看，这些人都不是因为当前急迫地需要而买房，其交易的本质都是预期将来房价会上涨。在这场房价的拉高战中，最受伤害的就是实际的需求者了。由于经济实力所限，他们无论是租房还是购房，都必须承担高房价带来的痛苦。高房价不仅让他们的住房面积缩小，还耗费了他们无穷的精力和时间，使他们的生活质量受损。而且，不管他们愿不愿意，他们都将成为房价高涨的最后接盘者。因为一切的投机者都相信最终会有人以高价买走房屋，否则这些房子只能在投机者手里捂着。

投机者的高超之处在于他们有能力炮制出最危言耸听的谣言，让住房刚性需求者相信如果不买房，将后悔一辈子。这样，住房的刚性需求者就会恐慌性地买房，因此就成为投机者发财的垫脚石。

货币政策的收放一直都是房地产业爱恨交加的金融调控利器，作为一个赚钱的行业，房地产业同样需要资金。其资金主要有三部分组成：第一是开发商的资金供给，这是开发商实力的显示；第二是购房者的信用支持；第三是投机者的游资。货币政策对开发商和购房者都有影响，甚至能同时起作用。如实施货币紧缩政策，不仅让开发商资金紧张，也让购房者难以从银行贷款，这样不仅会使商品房的供给减少，而且购房者的意愿也会降低，使得房价能基本维持稳定。但市场反应却往往不像人们预期的那样。因为土地供给不是无限的，这种稀缺资源使得货币政策会推高土地价格，因此，土地成本上升，就会不可避免地拉高最后的房价。其次，充足的货币供应让开发商有充足的底气，他们可以在房价上涨时囤地，变本加厉地推高房价，而在房价下跌时，又以杀跌清盘的行为来保持资金的流动性。另外，货币紧缩政策又会牵连到其他行业，使得产业资本转移到楼市，拉高房屋价格。

总之，由于中国房地产市场的特殊性需求和供给，使得在国外有效的货币政策难以在中国房地产市场上产生积极的作用。而在人民币升值的背景下，投资房地产获利，也不失为一个可用的方法。

（二）股市晴雨表

从投资者的角度看，人民币升值对股市长期投资来说，是一个利好。一般来说，当人民币存在升值预期时，投资资本会大量购买以人民币计价的金融资产，而股市就是最好的吸纳投资的地方。当巨额资本流入股市时，不仅会推高股市的价格，还会促使人民币进一步升值。反过来，又会促使游资进入股市，这就形成了一个良性循环。日本、美国等资本主义国家在本币升值时，股市都出现了大幅上涨，而我国在 2005 年到 2008 年的股市走势也印证了这个道理。

而人民币升值标志着以人民币计价的资产会全线升值，那么股票这种以人民币计价的特殊商品自然也应该上涨，这就可以吸引大量游资进入股市进行投资。而且，人民币升值标志着中国的综合国力增强，国力增强正是宏观经济健康的表现，而股市的涨跌与宏观经济的关系密切。此外，人民币升值不仅让金融资产升值，而且还使得投资者信心增强，更能让以资源进口为主的企业降低成本，从而让这些企业的业绩上升，由此推动股价上涨。所以，无论从哪个方向看，人民币升值对股市都是利大于弊。

但任何事情都是双面的，有利就有弊。人民币升值，会带来资本效应，使大量外来资金投入到股市当中，有利于市场资金扩容，活跃中国股市，增强市场信心。但不断上扬的升值预期又会推高投机心理，让股市的上扬脱离正常的经济运行规律，最后则会形成巨大的股市泡沫。

因此，人民币升值有可能成为影响股市稳定的因素。汇率与股市的关系是这样表现的：人民币升值就会带动热钱流入，那么股市就会上涨，然后又吸引更多的热钱流入，加大了股市进一步上涨的压力。这就意味着人民币升值有可能是一个不断持续的过程。

我国的证券市场正不断走向开放，与国际金融市场的互动关系不断加强，预期人民币升值将会不可避免地对国际资本产生吸引力，而金融资本的流入在短时期内会增加国内资本市场的资金供给量。但投机资本追求的是短期效应，如果人民币升值的预期落空，那么国际资本就会迅速逃离，资本市场就会产生剧烈的波动。这样一来，监管者就会承担巨大的压力。

中国的股票市场在上涨过后，A股上升的业绩推动力在不断削弱，而美国经济正在恢复之中，不可能增加大规模的订单，而为了促进产业升级，美国已经开始抬升资源的价格，使得依靠资源的企业面临成本上涨的压力，企业盈利的步伐将趋缓。

同时，企业股权资产价格的不断上升和银行外融资本的不断下降，加速了企业股权融资比例的上升。两种共同作用的结果就是短期内催生出规模迅速膨胀的相关高估的股权市场。一旦境内外因素导致流动性供应不足，或者企业因过度扩张导致盈利能力下降，股市都会出现巨大的震荡。

对于国际热钱对中国股市和金融的洗劫，相信大家还记忆犹新。2007年的股市疯涨，就有国际热钱的功劳。国际热钱在把中国股市托至6000点以后，投机分子突然套现，大举撤出股市，没有了资金依托的中国股市一下子坠入了冰窟，一段漫长的熊市开始了，在这三个月内中国股市迅速蒸发掉过万亿市值。

而在股市上赢利后撤出的热钱迅速融入了中国的经济结构，无论国际热钱走到哪里，都会引发一阵经济的泡沫。于是，中国的物价上升，房地产价格飞涨，此时，中国央行为了平息过热的经济，只能通过加息来进行调控，此时，热钱却又不折腾了，进入了银行系统吃起了高利息。而当央行在2007年第三季度宣布紧缩银根后，一大部分热钱又开始活跃，对资金链断裂的企业放起了高利贷。

总之，操纵金融市场、牟取暴利，便是热钱的嗜血本性。而汇率起伏就是热钱行动的集结号，随着汇率起伏，热钱就像是一支金融突骑兵，神出鬼没、飘忽不定、逐利而动。因此，对于汇率这一调节手段，我们一定要慎重。

之前，受中美汇率战争威胁的影响，很多金融投机客开始豪赌人民币升值，受此信号影响，大量热钱再次涌入中国，根据最保守的估计，仅2009年一年，就有超过2000亿美元的热钱涌入中国境内，而进入2010年，涌入速度更是大幅提升。

如果人民币升值的预期成为现实，那就相当于美国发动的对中国之汇率战争打响了第一枪，热钱涌入后，人民币必然会受到攻击，并极力扩大以房地产市场为代表的中国畸形经济泡沫。短期投机是热钱的主要特性——来得快，去得也快。当热钱大量撤出中国时，战争也就达到了高潮，其后果则不可想象，这必须引起中国政府的思考和严重关注。

所以，在人民币升值的背景下，在国际热钱的威胁下，民众投资股市依然要谨慎。

（三）实业投资

人民币升值之所以引起许多人的忧虑，就在于中国的实体经济表现得不够好。所以，在人们讨论人民币升值时，都忽略了对实体经济的关注。但不管怎么说，金融最根本的目的就是为实体经济服务的。

金融市场的适度发展，有助于为实体经济动员储蓄和提供融资，但是，当金融经济过度发展时，所起的作用就会是负面的。原因很简单，金融经济过度膨胀时，金融投资所带来的效益则会大大高于投资实体经济所带来的收益。在高投资、高回报的诱惑下，大量资金就会抛弃实体经济而转向金融经济，造成经济虚假繁荣和积累大量的泡沫。如果流入金融领域的资金过多，就会造成实体经济领域的资金不足，发展就会缺乏动力，形成生产性投资的挤出效应。另外，资金供求失衡又会引起利率大幅上升，使实体经济部门的发展因为融资成本过高而陷入萎缩甚至停滞，导致国家的综合实力受到损害。

我们还是以中国股市为例，一般来说，股市的基本功能就是投资，如果股市缺少了投资功能，就不会吸引投资者主动参与，也就没有了最被股市看重的融资功能。开设股市的目的，就是为了进行投资和融资。但是，中国股市却违背了这个理论，颠倒了投资和融资的因果关系，只强调了股市的融资功能，却忽略了对股市投资功能的培育，使得股市成为上市公司的提款机。

在这种不健康的股市里，发展自然也是不健康的，一方面，上市公司急功近利，只想着扩容圈钱；另一方面，又在市场化的口号中，降低了上市公司再融资的门槛。于是，上市公司都如饿狼一般扑向股市，高价发行、高价增发、高数额发行可转债、高价配股等闹剧层出不穷，中小板、创业板的“三高”发行屡禁不止，成倍的超额募集资金不仅造成了资源配置的浪费，也给市场埋下了风险。

无节制地融资，使得市场的供求关系也发生了改变，投资者的持股信心荡然无存，都想着赶快抛掉手里的股票变现，形成了一级市场圈钱。二级市场市值损失万亿的恶性循环，而这种恶性循环又导致中国股市变成了一个极端不健康的金融市场。每一个上市公司想到的就是利用上市大捞一笔，至于如何让公司做大做强，根本就没有什么人去考虑。所以，中国股市就成了一个圈钱的“黑洞”。

金融经济的急剧变动，还会通过利率、汇率或者资产价格变动影响实体经济，使得实体经济的发展受到干扰，导致实体经济发展萎缩或者停滞。当金融经济与实体经济相互背离达到一个临界状态时，这种没有真实价值的虚拟经济会因为实体经济泡沫的破灭而产生一种可怕的危机，引发金融市场的波动，市场波动再引起机构恐慌，那么就会不可避免地引发金融危机。

2008 年爆发的世界金融危机的原因就是美国的金融经济过度偏离了实体经济。一方面，由于美国劳动力成本过高，导致美国实体经济逐步被淘汰；而另一方面，华尔街又创造出大量的金融衍生产品，由于这些金融衍生产品具有高杠杆、低信用的特点，并且能快进快出、大进大出地进行操作，使得一批金融高手能快速获得高额利润。同时，美联储又无节制地印钞票，又吸引了更多的投资人进入以大量金融衍生产品为主的金融经济，结果造成全球金融经济的整体交易规模超出了实体经济的交易规模。最终，金融经济的发展越来越背离实体经济，从而引发了世界金融危机。

从人民币国际化的趋势来看，发展实体经济也显得非常重要。央行曾多次宣布，人民币国际化的核心，也是当前人民币离境贸易结算的出发点，目的就是为了首先满足实体经济发展的需要。

（四）大宗商品

大宗商品市场是通货膨胀传导的第一个环节，会直接让原材料的价格涨起来。一般商品市场、大宗商品市场、证券市场以及资本市场都是吸收流动性的主要场所，在全球面临流动性过剩的今天，大宗商品市场就成为吸收流动性的主要品种。

金融危机过后，全球对不动产投资畏之如虎，要找到新的投资热点，大宗商品就成了绝佳的选择。因此，大宗商品市场的金融属性不断增强，其市场投资和投机气氛越来越浓，价格不断上涨。这就成为推动全球生产链原材料成本上升的第一推手，同时，也让许多经济实体开始进行“输入型通胀”时期。

2010 年，所有大宗商品的价格都在上涨，其中中国感受最深的就是原油价格猛涨，而一些农产品如棉花、小麦、大豆的进口价格更是涨得离谱，大有不让人民吃、穿、用的架势。而这一切都和美元汇率下降有关。

2008 年金融危机过后，美国为了救市，大量印发美元，货币过多，自然就会引起物价猛涨，而大宗商品的交易在国际市场上又是以美元计价的，美元贬值，自然导致价格上涨。从另一方面看，美元贬值，使得大宗商品比以前要便宜，因此买的人就多，而需求的上升，又推动了价格上涨。

从期货市场上看，人民币升值对大宗商品的影响主要体现在几个重要的进出口品种上，其中对大豆、橡胶、铜以及钢铁的影响最大。

人民币升值，短期内会对国内期货市场造成一定的压力，因为中国是世界上大豆、铜和橡胶最大的进口国，人民币升值后，对这些商品的利空影响很大。但根据数据显示，2005年7月21日，央行实行弹性汇率机制后，第二天人民币对美元升值2%，但对期货市场的影响却不显著，各种大宗商品的价格有涨有跌。

但是，期货市场也有中长期效应，人民币升值会在一定程度上造成期货市场外强内弱的局面，国内需求增大，扩大了对国际商品的需求，必然会导致国际商品价格的上涨，而国际大宗商品价格的上涨，又会推动国内相关商品价格的上涨。比如，橡胶在人民币升值的短期内，价格走势不是很明显，但在两年的时间里，其期货价格却不断下跌，跌幅超过了30%。但不管怎么说，中国的国力摆在那里，想对全球经济发生根本性的影响，还不够格，最终商品的价格还是由供求关系决定的。

人民币升值有利于降低钢铁行业的采购成本，进而降低国内的钢铁价格。我国是一个铁矿石资源缺乏的国家，大约40%的铁矿石需要进口，而采购铁矿石原料的成本占钢铁成本的一半。但是，人民币升值对钢铁产品的出口不利。我国的钢铁产品以粗钢为主，虽然产量占世界第一，但只是靠量的优势，依靠低价抢占市场。如果人民币升值，中国的钢铁出口价格将上涨，让本来就没有多少出口优势的钢铁企业雪上加霜。

不要以为中国人有钱、购买的量大，在大豆和铁矿石的交易中就有议价权了。殊不知，在汇率时代，中国已经成为国际期货市场上的众矢之的。围绕着大豆和铁矿石的期货交易，让中国吃尽了苦头，遭受了非常大的损失。

先说说大豆。大豆对于中国人来说，是非常熟悉的食物原料，从豆芽、豆浆、豆腐到人们爱吃的各种豆制小食品和食用油，多数中国人都离不开它，可以说大豆直接关系着每个中国家庭的饭桌。不过，就是这样一种重要的民生作物，却让无数中国人感到迷茫和困惑。

2010年新年的到来并没有给“大豆之乡”黑龙江的一些大豆加工企业带来希望。虽然大豆类食品销量很大，但对于这些以大豆为原料的工厂来说，着急的是没有原料。许多厂已经停产很久了，原因就在于大豆价格不稳定，开工就意味着赔钱，啥时候开工，不是由工厂说了算，还得看“国际大豆”的脸色。也就是说，在进口大豆的低价冲击下，黑龙江当地无论是油脂加工企业，还是种豆的农民，都面临着亏损的困境。我们不禁要问，作为大豆发源地的中国，为何会面临“大豆危机”？

大豆是土生土长的中国植物，根据记载，中国人种植大豆的历史可以追溯到黄帝时代。几千年来，大豆一直是中国的传统农作物，也是传统的出口创汇的本土特色产品。一直到1995年之前，中国都是大豆的出口国。

但是，好日子到了2009年就终止了，全国进口大豆竟然突破4000万吨，在中国的“大豆之乡”黑龙江，进口大豆几乎彻底摧毁了当地的大豆种植业。黑龙江大豆协会的统计数字表明，目前全省70多家规模较大的大豆加工企业基本停产，停止收购大豆。尤其是从2008年之后，常年维持开工的企业也就在10家左右。无数中国豆农由于赚不到钱，已经转而种植玉米了。面对此情此景，人们不禁要问，这是市场规律在起作用吗？还是我们的大豆质不如人？

其实，这是一场美国通过对价格的控制，打垮中国大豆产业的经典战役。在2003年前后，随着中国经济的长期繁荣，餐饮业迅猛发展，中国的食用油行业也进入了扩张期，全国各地分布了超过百家压榨企业。不过，好景不长，危机便突然降临。

2004年，国际金融炒家开始在中国散播谣言，疯传大豆即将涨价，依据是美国大豆不能增产，大豆价格更是要突破6000元一吨。在谣言的刺激下，中国的压榨企业开始坐不住了，纷纷在4300元一吨的高位大量抢购大豆。这边谣言四起，抢购成风，大洋彼岸也一唱一和，默契十足，似乎是在演双簧。紧接着，美国农业部宣布由于自然灾害等可能原因，大豆将减产，这则报告导致芝加哥期货交易所上的大豆价格连续上涨，涨幅近一倍。如此一来，已得到印证的谣言让人们不再怀疑，不少中国大豆加工企业开始集中采购美国大豆。不料，美国农业部不是一言既出、驷马难追的好汉，很快他们就又宣布之前预测有误，大豆将增产，国际金融资本更是迅速做空大豆，于是大豆的价格来了个直线下降，巨大的价格落差一下子将中国的众多中小企业逼向绝境。要知道，大豆压榨企业的资金大约会有 95% 用于原材料的采购，所以大豆价格是决定企业生死的关键。这次，在美国翻手为云、覆手为雨的打击下，国内油脂压榨企业损失惨重，近 70% 的企业停产，大量企业倒闭。

在这次有计划的精准打击之后，中国食用油行业几乎一蹶不振，而早有准备的国际金融财团则伺机而动。很快，美国的华尔街大亨以及他们控制的国际“四大粮商”雷霆出击，全面收购中国粮油企业的股份。这四家掌握粮食运销的跨国公司分别是 ADM、邦吉、嘉吉以及路易达孚，在业内被统称为“四大粮商”。目前，中国的粮油企业中，有 85% 都是外资参与控股的，例如鲁花、金龙鱼、福临门等我们耳熟能详的食用油名牌企业，都是外资控制的。这是多么可怕的事情，中国人今后吃饭都要看美国人的脸色，简直让人无法相信，不过，这却又是真实的现状。造成这一切的原因，就是美国金融资本对大豆期货市场定价权的牢牢掌握，价格的涨幅、跌幅以及涨跌时机，都是人家说了算，人家已经精算到了这一步，中国的企业又怎么能竞争得过呢？都说“顾客是上帝”是从西方传过来的理念，但在大豆购买上，中国这个“上帝”却是个可怜的“仆人”。

一次战斗的胜利，不代表战争的最终结局，同样，对于美国人来说，战略目标才刚刚完成了一半。在中国的压榨企业遭到重创后，我们的大豆种植业也面临绝境。美国开发的转基因大豆，不仅产量高，而且出油率高，在价格上也比中国大豆具有竞争优势。美国的转基因大豆从美国运到中国来，还比中国大豆便宜20%，更不要说还有出油率的优势了。因此，中国东北的非转基因优良大豆的种植和生产也渐渐陷入了绝境。

2009年5月，想必每个中国人都经历了一次食用油涨价的恐慌，几家国内最大的食用油企业在全球大豆现货降价的大背景下，却集体将豆油的出厂价上调10%，大多数中国老百姓在惊慌之余，却并不知道发生了什么。而知情者也很无奈，这些主要的食用油加工企业都是外资的，他们控制了大豆进口、加工、销售的所有环节。4年以来，中国食用油价格已经翻了近一番，而中国种植大豆的农民竟然连一分钱都没分到。可压榨企业只能进口，不停地进口；涨价，无休止地涨价。“四大粮商”控制的中国粮油企业在肥了美国豆农之后，还要通过不停地涨价进一步收割中国的财富。

中国就只能束手就擒吗？其实，对于转基因产品，我们是可以有更多的话语权的。但由于国人在口号上对转基因产品深恶痛绝，可在行动上，却舍不得拿出一分钱来支持非转基因产品。这种口号和行动上的矛盾，让人人都很容易成为口号上的爱国者，但在行动上却扼杀了中国的科技和产业。于是，一个极为荒谬的现象出现了：中国大量进口转基因大豆，榨油后在市场上销售，却以安全为由，禁止中国农民种植转基因大豆。这种奇怪的思维，除了把自己的命运交给外国人，没有任何好处。

总之，在这一轮的“大豆较量”中，中国完败，而美国对于全球主要商品定价权的威力也初步彰显。

在农产品交易上，中国是一个失败者，而在工业产品上，中国的下场也好不到哪儿去。

如果说石油是现代工业的血液，那钢铁无疑就是骨骼，从航空航天业、军事工业、造船业到汽车工业、建筑业，甚至我们日常用的锅碗瓢盆，都离不开钢铁，可以说，是钢铁支撑了一个国家工业的脊梁。从新中国建立的那天起，无数中国人就对钢铁产生了一种莫名的情愫，无论是“赶英超美”的宏伟计划，还是“大跃进”时的热血豪情，都离不开对钢铁产量的热切追求，甚至出现了全民大炼钢铁的不理智现象。

时过境迁，如今，中国的钢铁产量早已经是世界第一，根据统计，2009 年全国生产粗钢 56784.24 万吨，如果把全世界的钢产量排列一下，排在第一名的就是中国。可以说，中国的钢产量已经不是雄踞世界第一的问题，而是可以囊括多少的问题了。

钢产量巨大，随之而来的则是对铁矿石的大量需求。由于中国的铁矿石品质稍低，且开采困难，所以进口高品质的澳大利亚、巴西铁矿石成为目前中国钢企的主要选择，目前中国已经成为世界头号的铁矿石进口方。

在这样的背景下，我们再次看到了熟悉的价格曲线，自2003年以来，长期协议合同矿价连续上涨。到2008年，铁矿石价格几乎是2003年的5倍，而2009年国际三大铁矿石供货商更是联袂大幅提价，全球最大矿业集团必和必拓CEO高瑞思更进一步表示，国际铁矿石传统的长期协价机制迟早会被取代，铁矿石交易价格应过渡到市场定价，就像石油和煤炭一样，按季度甚至按月份波动。如此一来，不稳定的原材料价格让中国钢铁企业如坐针毡，而过于高昂的成本几乎是所有中国钢企所不能承受的，于是拉锯战般的谈判就此拉开了序幕。

本来，作为全球最大的铁矿石需求方，中国每年大约消耗全世界铁矿石的一半，按说理应和美国的零售业连锁巨头沃尔玛一样，掌握着定价的主动权。不料，在谈判桌上，要瞧别人脸色的反而是中国。供求关系决定价格的理论再次失效，这又是为什么呢？

目前，全球优质铁矿石的供应商主要有三家，即澳大利亚的力拓公司、必和必拓公司以及巴西的淡水河谷公司。在铁矿石定价的谈判过程中，爆出了“力拓间谍案”，以胡士泰为首的商业间谍，在某种程度上，破坏了中方定价的主动权。据调查，胡士泰全面参与了三大矿商与中国钢企之间的铁矿石年度合约谈判，而在漫长的谈判过程以及之前的业务往来中，商业贿赂这种卑劣而简单的手段屡试不爽，并屡建“奇功”。时不时地出国考察，邀请几个歌手现场表演，在贵宾包厢里看两场奥运比赛，“胡士泰”们用极低的付出就从中国的钢企高管手中得到了中国钢企的第一手资料，许多核心数据、行业秘密，全都在谈判前让对手一览无余。面对这些对自己了如指掌的对手，中国人在谈判桌前只能节节败退。

其实，“谍影重重”只是中国钢企谈判失败的原因之一，华尔街才是铁矿石价格疯涨的幕后主使。在分析了原油价格、波罗的海综合指数（所谓波罗的海综合指数就是运费的指数，由伦敦的波罗的海交易所决定，而波罗的海交易所的股东都是大财团）以及铁矿石现货价格的联动关系后，可以发现铁矿石价格实际把原油价格和波罗的海指数全部包括在内了。也就是说，铁矿石价格那条线是由原油和波罗的海指数两条线支撑起来的，那么，只要波罗的海指数上升、原油价格上升，铁矿石价格就会上升，反之则会相应下跌。从本质上说，铁矿石的价格基本上是由波罗的海指数和原油价格共同决定的。

2009年2月11日，波罗的海指数一举突破2000点，达到2055点。相比2008年12月5日创下的指数低点663点，仅两个多月就翻了3倍多。在金融海啸还没完全退去，全球经济一片萧条的背景中，这一逆势上扬的现象让人匪夷所思，正当大家丈二和尚摸不着头脑的时候，很快在运往中国的铁矿石上，找到了答案。

这也就是谈判进行得如此困难的原因。根据有关部门的统计，自2004年以来，由于国际铁矿石价格的连续暴涨，力拓、必和必拓及淡水河谷公司已经从中国攫取了正常利润以外的7000亿元财富，这个数字是同期中国钢铁企业利润的两倍。无论是力拓的“间谍案”也好，商业贿赂也罢，只是为谈判按照他们设想的步骤推进时更容易一些罢了，真正的立场，他们从未改变过。

牟取暴利是三大世界铁矿石企业的内在需求，石油价格和波罗的海指数又是铁矿石定价的幕后推手，而真正能够决定石油价格和波罗的海指数的是华尔街。这就是为什么澳大利亚的公司在谈判时如此财大气粗、寸步不让的原因。因为这是战略物资，美国金融财团乃至美国政府都不可能让它完全市场化，不可能让你随便谈判而谈出理想价格，这都是资本角力的最终结果，优势完全不在中国这边，谈判失败几乎是必然的结果。

很多善良的人们仍在认为，铁矿石的价格上扬也许是中国需求太过旺盛，让人抓住了命门所致。这种认识实在过于肤浅，中国的焦炭出口量占世界总出口量的比例约为50%，为什么焦炭的出口价格在2004年4月即已达到432美元/吨，而到2006年却下跌到130美元/吨？即使到2009年，1～5月的平均出口价格也不过355美元/吨，如果参照铁矿石上涨7倍来计算，中国出口的焦炭价格现在最少也应该在2900美元/吨。而重要战略资源——稀土，更让人心痛，中国稀土的出口量约占世界总出口量的80%，稀土的价格却连年下跌。这一切，难道还可以用经济规律来解释吗？由于对全球主要商品定价权的牢牢掌控，所有事情都以华尔街的意志为转移，通过这条绳索，像中国这样的发展中国家就被牢牢地套住脖子，根本不可能顺利按照自己的意愿发展经济。握紧定价权，美国不但可以将美元播撒到全球，还可以把世界经济装入它的餐盘，从而主宰人类的命运。

由此可见，美元地位的强势，为美国带来了无尽的好处。这让我们研究人民币汇率和汇率战争，更显得有价值了。

人民币升值前后对进出口贸易会带来巨大的影响，进而会使商品期货价格尤其是进口商品期货价格出现大幅度的变化。我们只有认识到这些变化，才能应付人民币升值对期货交易带来的影响。

人民币会暂时保持稳定，但升值问题却会持续对市场造成困扰，当人民币真正升值以后，短期内会对商品期货价格带来较大的影响，但这种影响是短暂的，从长期来看，商品价格依然会以供求关系来决定。

三、世界市场的环境下，人民币该何去何从

（一）美国真的希望人民币升值吗？

人民币问题已经成为国际经济中的一个重要问题，无论是西欧、日本，还是美国，都把人民币升值作为对中国进行施压的主要手段，而美国更是由众议院授权政府财政部，对以汇率低估“补贴出口”的国家采取反制措施，当然，矛头对准的还是中国。不仅如此，美国还利用一切公开的国际场合，挑起人民币汇率问题，逼迫人民币升值。

汇率上升是一个经济问题，随着经济的发展，在我国目前的经济体制下，人民币升值预期也引发了世界的关注。根据国际经验，人均实际收入每增长 1%，该国的实际汇率会升高 0.4%，而我国人均 GDP 在 1998 年初到 2010 年初增长了 200%，但人民币的实际汇率却没有什么大的变化。

但这是中国的问题吗？中国真的就像美国人所指责的那样，通过压低人民币汇率来抢夺属于美国人的就业机会和财富吗？

既然人民币汇率问题是经济问题，那我们就来看看美国人的指责有无道理。

美国因为制造了金融危机，在让世界饱尝苦果之后，自己的日子也不那么好过，首当其冲的就是失业率上升。即使是富如美国也养不起那么多闲人，所以，美国总统奥巴马就说要振兴制造业，让美国人有事可做。而最能瞄准的靶子是什么呢？当然是对美贸易顺差最大的中国了。

但中国真的抢了美国人的饭碗吗？美国目前国内和制造业相关的产业，掰着手指头就能数完，而且和中国的制造业也没什么关系。真的要让中国制造业关门，固然中国受不了，可美国也一样受不了。打个比方，美国著名的品牌耐克鞋有三成以上是中国东莞一家叫作裕元的企业生产的，如果一双耐克鞋的定价是1000元人民币，那么裕元只能得100元，其余的钱都被中间商和品牌所有者拿走了。美国人拿走鞋子后，贴上"耐克"商标，又反过来卖给中国人，然后又能以赚到的钱从裕元那里再买走5双耐克鞋。也就是说，裕元每为耐克生产一双耐克鞋，还要"倒贴"5双耐克鞋。想想看，美国真要强迫人民币升值，那还能多拿5双鞋吗？

美国人不明白这个道理吗？当然明白！当美国强迫人民币对美元的汇率要升到1美元兑5.7元人民币时，有在美国的中国人到美国银行愿意用5元人民币兑换1美元，结果被美国人当疯子看，说你想发财想疯了？中国人说，怎么了？不是你们要让人民币升值吗？

中国政府不答应，我答应呀，还可以升得更高，你们不愿意？美国人当然不愿意。因为在美国银行，此时的人民币对美元的汇率是1美元兑换7元人民币，让你中国人以5元人民币兑1美元，那2元钱谁出？

因此，无论从哪方面看，美国人压迫人民币升值，都是一个阴谋。那么，是什么阴谋呢？很简单，就是想用更少的钱，买到更多的中国商品，让中国人更廉价地为美国人打工，让美国人过上更舒心的日子。

这话听起来有些悬，如果美国人想买更便宜的东西，应该让人民币贬值才对呀。人民币贬值有利于出口，中国出口的商品不就更多了吗？这种思维其实是一种简单思维，是家庭主妇的理财方式。美国人做任何事情都是从战略着眼，看到的是十几年甚至几十年后会怎样。

汇率问题也是如此。美国人明面上出手让人民币升值，可是同期去美国的中国人都无法用美国政府要求的汇率兑换美元。美国的用意在于中国对美国输出的商品保持长久的廉价，而不是为了挽救美国已经不存在的制造业。

这个世界上不是只有美国和中国两个国家，虽然中国向美国出口的意愿很强烈，但抱着和中国同样目的的国家也不少，尤其是新近发展起来的越南以及东南亚等国家，也在向美国出口他们国家制造的产品。相比较而言，中国的产品更让美国人放心，也更受美国人欢迎。但从价格比较而言，越南等国家生产的产品价格要低。便宜货谁都喜欢，美国人也不例外，自然在购买时会选择越南的产品。但商品这东西不仅仅是实用就可以了，还有一个面子问题，穿一双中国产的耐克鞋和穿一双越南产的耐克鞋，感觉自然是不一样的。所以，美国人的想法很简单，要让中国产的商品和越南的产品价格一样，甚至更低。这样，美国人就能用很少的钱，享受高品质的生活了。

意图有了，就要开始耍手段了。这个手段就是汇率。但说到这里，有人还是不明白，不管怎么说，美国强迫人民币升值，那么中国出口到美国的商品价格就会提高，这是不管怎么耍心眼，都是难以改变的事实。

不错，人民币汇率升高，中国出口到美国的商品价格就会升高，会让美国人花更多的钱。但不要忘了，商品的价格是人定的，难道没见过价值和价格背离的商品吗？美国经济是负债经济，美国人是靠印钞票来维持目前的生活的，尽管这是不争的事实，但为了世界经济井然有序，美国人也不能没有规划和无节制地去印钞票。还有一点要明白，从国际层面上看，中国是美国最大的债券国，拥有数万亿花不出去的美国国债，但不要忘了，拥有美国国债最多不是中国，而是美国普通民众。如果无节制地印钞票，让美元贬值，那最不答应的就是美国普通民众了。因此，在如何赚钱方面，美国人还是不能乱来。那么一个有效的办法就是让其他国家的货币升值，让美元相对贬值，以此稀释美国的对外债务，维护美国普通民众的利益。如此一来，就可以用最少的钱，买到更多的东西，也就是我们说的对外贬值、对内升值。

说到这里，我们就会明白了，美国要解决自己的经济问题，除了印钱，还要逼迫一些国家给美国当廉价劳力。那这和人民币升值有关系吗？有！人民币升值，在一个时期内，中国出口到美国的商品会涨价，但不要忘了，这是中国制造的产品，不是说涨价了也不会影响销量的。中国出口的商品要在美国市场涨价，这是企业自主行为，但还要看美国消费者买不买账。一个事实是，人民币升值，中国商品成本增加，价格上涨，美国的代理商会立刻退货，转而代理其他国家的商品，中国商品的销量会立刻下降，导致企业经营困难，甚至破产倒闭。

出现这个情况，中国的企业怎么办？中国的出口企业基本上都是民营企业，如何经营政府不干预，完全是自力更生。要拯救这个危机怎么办？让人民币汇率降下来吗？对不起，中国政府的话美国政府都不听，中国企业又算老几呢？更何况汇率问题是美国的战略布局，又怎么会因为中国企业的呼吁而改变呢？

所以，只有一个办法，降价和其他国家的商品进行竞争，努力赚回相对贬值的美元。这下，美国人高兴了，多印的美元又花出去了，还弄回来了更多的中国制造的商品。对于这个问题，法国前总统戴高乐早就看出来了，他说：“美国享受着美元所创造的超级特权和不流眼泪的赤字，她用一钱不值的废纸去掠夺其他民族的资源和工厂。”

对于美元来说，它的霸权地位决定了美国可以无限制地利用美元去购买全世界的资源和商品。据统计，全世界每年对美元的需求达到5000亿，由此可见，美国人所得到的利益来得多么简单。

（二）天使还是魔鬼？人民币升值和贬值的选择

人民币升值不是美国这样的强国所乐意看到的，毕竟，维持美元的霸主和强势地位，才是美国孜孜以求的目标。否则，美国再当老大，撤不出强势的美元来，有谁会愿意跟着走？而事实也如此。2016年11月以来，人民币汇率在不知不觉之间，已经连跌12天，毕竟了1美元兑换6.9元的关口，人民币进一步下跌指日可待，并改写了2008年6月下旬以来的下跌记录。

这一次人民币为什么会贬值？要弄清这个问题，就要看人民币这些年来的升值过程。过去，因为中国经济发展快速，成为投机者的乐园，海外资金大量涌入，使得人民币汇率升高。而在另一方面，因为中国经济也以外向型经济为主，中国成为世界工厂，产品出口越多，赚的美元也越多，这也导致了人民币汇率升高。所以，过去的几年，因为人民币升值，国民一片欢腾，都觉得自己是有钱人了。

但这其中，谁也没有注意到一个地雷已经埋下了，那就是投资者美元套利资金的反转。因为投机炒汇机构在几年前加杠杆获得了超额利润，使得人民币汇率升高。所以，一旦投机者撤离，那人民币汇率就失去了支撑，人民币贬值就无路可逃。

而人民币贬值会带来什么负面影响呢？一个直观的效应就是中国的资产贬值了。所有中国制造的商品价格肯定会下跌，还有房地产和大宗商品的价值会缩水。说到房价价值缩水，普通中国人不会有什么印象，因为房价在 2016 年上半年如同脱缰的野马。但对于外国人来说，因为美元升值，所以在中国购置的资产就贬值了。所以，如果人民币持续贬值，那些在中国购买了房产想获利的机构或者个人，肯定会抛售房产，或许，房地产价格降低将不再是遥遥无期。

对于普通人而言，人民币贬值，就意味着在国外购买外国商品就必须付出更多的金钱，土豪再想在国外风光，就需要掂量自己口袋里的银子了。但对于出口企业来说，这就是天上掉下来的馅饼。当前，中国经济下行，美元币值上升，美国人可以用美元买到更多的中国商品，也会有更多的外国人揣着美元来中国旅游、消费。中国的经济发展依靠的是投资、消费和出口。从目前的情形来看，投资吸引不到什么机构，而让国人消费的口号喊了十几年了，已拿不出更好的策略来。因此，只有靠出口这一把“老枪”来刺激中国经济了。而人民币汇率下降，将会避免中国经济在短时期内出现断崖式下坠，缓解中国经济增长的压力。

人民币贬值对中国家庭伤害最大的群体是高收入家庭，对普通家庭造成不了什么影响。因为高收入家庭需要通过各种理财手段来确保资产升值，这就必然导致会面临汇率风险。虽然目前有专家建议因为未来人民币汇率震荡的幅度会越来越大，所以金融机构应该为普通市民开通外汇理财。这其实是一个风险很高的理财方法，只要央行一干预，外汇理财服务就可能颗粒无收。

当前，人民币已经加入 SDR，成为国际储备货币的一种，在未来，随着人民币国际化的进程不断加快，国际社会对美联储加息的期望越来越高，中国政府一定会采取措施来稳定人民币汇率。

人民币贬值对于美国来说，利弊都存在，好处是美国人会买到更多的便宜的中国商品，而坏处就是美国企业所生产的中国同类商品的价格就会上涨，导致美国产品失去竞争力，失业人口增加。对于美国这样一个民选政府的国家来说，政府官员肯定会重视这部分人的利益。

同时，人民币贬值，对于中国企业来说，也存在着利弊两种选择。比如企业在进口国外的原材料时，需要花更多的外汇；人民币贬值，肯定会催生通货膨胀，而中国商品不见得因为降价就会受到欢迎。目前，世界抵制中国商品的现象已经成为一种潮流了。所以，人民币贬值从长远效果来看，还是值得警惕的。

汇率是一个可以利用的工具，如果能让人民币实现对外贬值，对内增值，就会起到一个好的效果。但这从长期看，不那么现实。所以，在当前形势下，一些土豪已经开始重新设置理财思路，瞄准了美国的保险市场，打算开辟投资海外的新领域。

购买美国保险的理由很充分，首先美国的保险法较严格，如规定投保人付给保险公司保费中的 70% 只能买国家公债 (Bonds)、蓝筹股票 (Blue Chip Stock) 等。2008 年金融危机中，美国政府出手拯救 AIG 保险公司，却对雷曼兄弟等金融机构不闻不问，可见，美国政府还是非常担心保险公司破产的。第二，保险行业成熟且竞争充分，其保费在全世界范围内来说几乎是最便宜的。同样的保障额度，美国的保费只有中国香港的 1/3、中国台湾的 1/2，至于中国大陆，就更不用说了。第三，保单本身是有价证券，投保者在享受投资收益的同时还可以抵押从保险公司进行贷款，最高可贷到保单现金价值的 9 折，且手续简便、利率优惠。其质押条件、手续、利率都比中国香港地区保险更优。第四，可用保险理赔来付遗产税。很多中国人去美国投资房地产，但外国人过世后，其在美国的资产（主要指房地产）超过 6 万美元的就要付遗产税，税率 40%，而且人过世后 9 个月就要填税表，用现金付清遗产捝后方可继承财产。对于国内一些高净值人群来说，一旦意外发生，继承房产的后代可以用所获得的人寿保险来支付遗产税。第五，美国保险中的指数型万能险值得关注，这一品种在中国暂时没有。指数型可以实现挂钩美国标普

500、香港恒生指数、德国 30DAX 指数，投资收益和这些指数走势挂钩，有一些是保本。数据显示，美国股票市场过去 20 年平均年化收益在 7.5%，多数年份有 8%~10% 左右的收益。相对来说，这一收益水平要好于仅投资债券市场类的保险品种 3%~4% 的年收益。所以，在当前汇率环境下，可以考虑这样一条资产保值之路。

四、汇率战争与人民币走向世界

全球性金融危机的爆发再一次凸显了现行国际货币体系中存在的弊端，对于如何解决这些弊端，许多专家都提出了有益的建议，但人民币要想改变在汇率战争中的被动地位，就必须走国际化之路。

（一）货币国际化是强国必由之路

货币国际化是指该货币被发行国之外的国家所接受并作为交换媒介、记账单位和价值储藏手段，通俗地说就是打白条。但想让其他国家接受不他国的货币不是说说那么容易的，如果不具备强大的政治、经济和军事实力所建立起来的国家信用，想要推销货币，恐怕白送人家都未必会要。

一种货币成为国际货币所付出的时间是漫长的，美元取代英镑的势头从19世纪末就开始了，但一直到第二次世界大战结束后才完成。

国际货币是在价值尺度、交易媒介和储藏手段三个职能上的延伸，一个国家的货币要想成为国际货币，那么货币职能就必须国际化。

货币国际化对经济政策有何影响？很简单，那就是购买力增强。而关于货币国际化的福利效应，显而易见，最大的好处就是融资便利，而且还能获得国际铸币税收入。只不过国际铸币税收入是和该国在国际上的垄断地位高低挂钩的，如果垄断地位低，那么铸币税收入就低。

货币国际化的动力首先在于市场选择。一个国家的国际地位高，拳头够硬，经济发达，那么就会有更多的国家来追随。其次在于综合国力的强大。从俄罗斯就可以看出来，它的军事实力和资源储量在世界无出其右，但俄罗斯卢布并不是世界各国所追求的货币。最后是要不断维持其货币竞争力不致下降，这就需要不断做出努力。

从当前我国的形势看，在培育和完善金融市场方面，我们已经做了许多工作，并且还在继续做工作，但在产业竞争力方面，我们还缺乏实力。如果以为有了发达的金融市场就能让人民币走上国际化之路，那一定是短视的。毕竟，提高产业竞争力才能扩大货币的势力范围，促进货币国际化。如果没有实力强劲的产业做后盾，货币国际化的进程必然受阻。如何借鉴西方货币理论，结合中国实际，助推人民币国际化，是我们当前需要研究的问题。

随着中国的强势崛起，人民币升值问题引起了国际的广泛关注，中国为此承受着巨大的压力。以美国为首的西方国家不断对中国的发展指手画脚，威胁和制裁成为他们的口头禅。因此，研究人民币国际化正好可以摆脱这些纠缠，让中国经济不受干扰地保持长期稳定增长。

加快实现人民币资本项目可兑换，是人民币国际化进程中的关键步骤，也是中国金融改革的重要标志。当前，贸易项下人民币流出速度放缓，人民币国际化向纵深推进面临挑战，扩大人民币对外输出特别是资本输出已成为当务之急。这方面，可以借鉴美国、日本的经验，加快人民币国际化进程，最大限度地减小风险。

（二）“马歇尔计划”与美元国际货币体系中心地位的巩固

货币国际化对货币地位的提升是显而易见的，美元为走向世界，进行了长期的准备和付出，一直到第二次世界大战结束，美元才彻底达成了自己的心愿，而这一切，都是在“马歇尔计划”主导下完成的。

在两次世界大战期间，基于强大的工业制造能力、稳定的国内政治及迅速膨胀的军事力量，美国经济经历了一段黄金时期，这为美元崛起而成为国际主导性强势货币提供了经济基础，而 1944 年 7 月诞生的布雷顿森林体系则为美元登上世界货币的霸主地位提供了制度平台。

第二次世界大战后，世界经济陷入衰退，一方面，欧洲经济萎缩、美元外汇匮乏导致欧洲对美国的商品需求缩减，大家都没钱了，美国自然不会花自己的钱帮助欧洲。所以，在忍饥挨饿的情况下，社会有进一步加剧动荡的危险。另一方面，美国战后内需低迷，美国经济增长和就业的压力巨大。缺乏了战争这个“消耗的无底洞”，美国经济引擎也没劲转动了。在这样的背景下，为转移过剩产能和缓解国内经济压力、重新打开欧洲市场，美国提出了“马歇尔计划”，大规模向欧洲输出美元，美元国际化进程明显加速。

“马歇尔计划”虽然决定了对欧开展大规模援助，但美国也不是只知道出钱的傻子，而是对资金如何使人用做出了严格限制。“马歇尔计划”于 1947 年 7 月正式启动，持续 4 个财政年度，每年给予欧洲国家包括金融、技术、设备等各种形式的援助。

整个计划的实施大致分为三个阶段：第一阶段，欧洲国家将援助资金大多用于进口急需的生活必需品，这样，就可以稳定社会、政治和经济秩序，也就是消除所谓的“共产主义威胁”。按照马歇尔的意思，每个人都能吃上饭了，也就没什么心思去鼓捣革命了。第二阶段，重点采购工业原料和制成品，用于战后工农业体系的重建。第三阶段，将大量资金用于重建欧洲各国军备。毕竟，苏联就在西欧的眼皮底下，而且国防力量异常强大，不得不防。

在援助资金的使用和管理上，美国政府做了严格的限定和要求。一是设立主管机构——经济合作总署，掌控援助物资的采购权、调拨权。美国通常先将所有资金交付给欧洲各国政府，由经济合作总署与被援助国共同管理。二是建立对应基金，将“马歇尔计划”所援助资金转换成为由当地货币构成的资金。三是援助资金必须用于购买美国商品并由美国运往欧洲。四是必须保障美国私人投资和开发的权利。这四条规定，基本上决定了美元要怎么用，必须由美国人说了算。

这个计划要是搁在现在，基本上不会有什么欧洲国家会接受。但是，在当时，欧洲几本已经没底气关注经济主权了，只要有钱，让美国人当“大爷”也没什么不合适的。这样一来，“马歇尔计划”在突破西欧投资限制、转移过剩产能、进一步确立美元霸权地位等方面作用显著。经济方面，作为对“马歇尔计划”的回报，英法等西欧国家在该计划实施后期，开始允许美国投资其能源资源、金融等原先限制外来投资的领域，并放宽了美国对西欧企业的股权投资限制。受益于此，美国对欧直接投资在20世纪50年代开始加速增长，年均增速高达14.5%。同时，“马歇尔计划”还促进了美国扩大出口和转移剩余产能。美国通过“马歇尔计划”援助欧洲的赠款和贷款共计131.5亿美元，其中75%用于购买美国的商品。计划实施期间，欧洲2/3的进口物资来自美国，美国借此转移的过剩产能占其GNP的13%。此外，该计划的实施还促进了美国经济和就业率增长，计划实施期间，美国GNP年增长一度达到15%。

在货币方面，“马歇尔计划”以约占欧洲年均GNP 4%的有限援助，成功地帮助欧洲构建了欧洲清算联盟，有效地开展多边清算，促进了区域贸易和信贷。计划实施期间，美国利用赠款及联合国善后救济总署贷款持续向欧洲输出流动性，搭配商品的输出，使美元在全球货币经济活动中进一步占据绝对主导地位。可以这样说，只要你想买东西，就必须用美元，否则就得挨饿。此外，“马歇尔计划”中美元援款流向欧洲，加之当时苏联和东欧各国出于政治原因将其美元资金转存于苏联设在巴黎和伦敦的国际商业银行，衍生出存放在美国以外银行、不受美国政府法令限制的美元存款，即“欧洲美元”。“欧洲美元”在美国境外流通和结算，推动了欧洲美元离岸市场的发展。

（三）“黑字还流计划”与日元国际化

日本作为一个没有资源的岛国，在第二次世界大战中被彻底打残。那时，就连日本人都觉得末日来临了。但改变了国体的日本，在美国的扶持下，专注于发展经济，自20世纪60年代开始，经济实力与对外贸易日益膨胀，到80年代中期，日本GDP上升到美国的1/3。在世界各国的外汇储备中，日元的比重由1975年的0.5%升至8%，成为仅次于美元和德国马克的第三大储备货币。

美国、欧洲对日本的贸易赤字显著增加，导致美欧开始对日元汇率施压。1985年9月，美国、英国、法国、德国和日本五国签订《广场协议》，迫使日元单边大幅升值，并开始完全自由浮动。此后5年内，日元升值近两倍，日元的国际地位因此大大加强，从这里也似乎可以理解日本政府为什么愿意和主动签署《广场协议》了。

协议签订后，对日本的经济确实有打压，为进一步增强经济实力，并缓解日元升值压力，日本政府提出实施“黑字还流计划”。也就是向国际输出日元，将国际贸易盈余、外汇储备和国内私人资本，通过政府发展援助和商业贷款等渠道重新流回发展中国家，同时向海外大量输出流动性，从而达到促进日本对外投资、储备海外国力等目标，并强化日元国际化成果。

“黑字还流计划”通过扩大对外直接投资加大了日元的输出，提升了日元的国际地位。该计划于1986年到1992年实施，共计输出645亿美元。主要举措为：一是增强对欧美资本密集型和亚太地区劳动、技术密集型产业的直接投资，在世界范围内扩张产能，并扩大出口贸易市场；二是建立日本海外协力基金（OECF）和日本进出口银行（JEXIM）促进日元输出，并配合世界银行、国际货币基金组织等国际援助性金融机构向发展中国家提供日元贷款；三是推动亚洲其他国家与日本进行日元贸易结算，在进出口信贷方面加强日元结算功能；四是作为常年贸易顺差国，日本积极增加内需，扩大进口，以缓解巨额贸易顺差；五是逐步实行金融自由化，鼓励金融机构进行海外扩张，配合日元国际化。

“黑字还流计划”的实施，促进了日元在国际上的流动，提升了日本经济在全球的影响力，巩固了前期日元国际化成果。经济方面，“黑字还流计划”不仅平衡了日本的国际收支，实现了在全球范围内优化配置生产资源，而且拓宽了海外投资渠道，支持和促进日元成为区域国际货币，显著提升了日本经济的国际影响力。

随着资本的不断输出，日元在国际结算、储备、投资与信贷以及国际市场干预方面的作用全面提升，日元在国际货币基金组织的特别提款权比重从 1981 年的 13% 提高到 1991 年的 17%。“黑字还流计划”中的对外援助及带动的海外投资，缓解了日本由于常年顺差在世界经济中相对孤立的状况，减少了日美贸易摩擦，不仅让美国减少了对日本的怨恨，还维护了日本在北美市场的份额。据大藏省公布的资料，日本 1987 年的海外直接投资较上年增长 49.5%，达到 333.64 亿美元，其中向美国、加拿大等北美地区的投资为 153.57 亿美元，比上年增长了 47.1%。1985~1997 年，日本对亚洲其他国家的直接投资金额增长近 8 倍。此外，据美国商务部估计，日本在美国的不动产投资额在 1983~1987 年上涨了 11 倍。这一次日本在美国的投资，获得了美国的好感。

“黑字还流计划”对发展中国家的援助不仅促进了日元在国际的流通结算和日本产能的境外扩张，加大了资本输出规模，而且增强了日本作为经济大国在发展中国家中的地位，加深了这些国家对日本市场的依赖，促进了日本与这些国家开展经济合作、扩大海外市场。

货币方面，通过推动亚洲各国与日本采用日元进行贸易结算，使得进出口以日元计价的比重从 20 世纪 80 年代初的 20% 上升到 80 年代中期的 40%。在此期间，日本海外协力基金和进出口银行配合国际援助性金融机构，对发展中国家的援助和国际日元贷款增加了32%，提升了日本在发展中国家的形象，扩大了日元国际化的影响。

随着"黑字还流计划"的结束，日元国际化进程显著放缓，20世纪90年代至今出现停滞甚至倒退。"黑字还流计划"结束后，日本经济在20世纪90年代陷入长期低迷，在全球经济体系中的地位随之下降，各国对日元的储备意愿亦显著减弱，日元的国际货币地位日益下降。日元在各国外汇储备占比从20世纪80年代中期的8%下降到1997年的6%，再到2007年的2.9%；对外贸易方面，1993~2000年，日元在出口贸易结算中的比重从42.8%下降到36%，退回到20世纪80年代中期的水平；在全球银行对外贷款方面，日元资产1985年占到14%，2000年则只有8.7%。

美日两国经验的启示就是对外资本输出和离岸市场建设对货币国际化至关重要。强大的经济实力和发达的金融体系是货币国际化的基础。美元国际化初期，美国已成为世界经济的老大了，国际贸易总量同样居世界第一。而日本在20世纪80年代中期，已发展成为全球第一大债权国，经济总量排在美国后面，贸易总量居世界第三，日元在全球贸易结算中的使用规模已仅次于美元。

国内发达的金融市场为美日两国货币的回流提供了渠道和空间，尤其是美国，通过发达的金融市场，向投资者提供了大量债券、股票等金融资产，促进了美元回流，成为美元维持国际主导货币地位的重要支撑。此外，美日两国在货币国际化初期都通过大幅增加本币贸易结算量，提高本币在国际贸易结算中的比重，提升国际市场对本币的接受程度。“马歇尔计划”的实施使美元迅速成为西欧各国间的结算货币，以美元结算的贸易占比达到80%。而在“黑字还流计划”实施5年后的1990年，日本进口、出口额中按日元结算的比重分别达到14.5%和37.5%，较1980年提高了12.1个和8.1个百分点。

美日两国在货币国际化初期，都是通过资本输出向全球提供本币流动性，并借此消除投资贸易壁垒的。无论是“马歇尔计划”，还是“黑字还流计划”，都是在贸易顺差背景下，采取以对外投资、借贷等形式推动本币从资本项目流出，再以出口收款等方式从经常项目回流的模式。“马歇尔计划”带动的美国海外直接投资达63亿美元，占期间全球对外直接投资额的近60%。西欧对美取消投资限制不仅促使美国在西欧本土投资高速增长，也推动了美国对英法殖民地投资的大幅上升。根据世界银行统计的数据显示，“黑字还流计划”实施期间，日本的对外直接投资总额超过2000亿美元，约占全球资本流动中对外直接投资总额的17%，对外直接投资年增速一度达到45%。

离岸市场建设对促进本币境外自我循环和沉淀，以及摆脱对投资和贸易的依赖具有重要作用。美日两国经验表明，货币国际化进程中，离岸市场建设是与构建本币境内外顺畅流动渠道同样重要的关键环节。

正是“欧洲美元”市场的建立和发展，推动美元作为最主要的交易货币在世界范围内广泛流通，帮助美元实现了在境外的沉淀，进一步强化了美元在国际货币体系中的绝对主导地位。而日元在国际化初期，离岸市场的高速扩张也为日元扩大国际影响发挥了重要作用。1986 年，以日元计价的欧洲债券交易量升至全球第二，仅次于美元。1986~1995 年，日元离岸市场交易量从 1.38 万亿美元上升至 7.89 万亿美元。离岸市场为投资者提供了各类能够保值增值、对冲风险并且有较强流动性的金融工具，提高了国际市场对日元的信心，扩大了投资者的使用和积存度。

美日两国在向国际市场持续提供本币流动性方面的区别，导致两国货币国际化出现了不同结果。美国从货币国际化初期的贸易顺差和由“马歇尔计划”制造出的资本逆差，到 20 世纪 60 年代后逐步转变为“双逆差”，尽管遭遇“特里芬难题”，但为美元向全球补充流动性提供了便利。而日元国际化则在“黑字还流计划”结束后开始放缓甚至倒退，主要原因为：一是在经常账户下，日本长期保持贸易顺差，且日元在出口结算中的比重一直高于在进口结算中的比重，造成日元流回国内；二是尽管“黑字还流计划”促进了日元输出，但由于在东亚对外直接投资的日资企业在后续融资和经营中较少使用日元，且大量对外证券投资投向非日元计价资产，金融交易中对外债权债务均以外币计价为主，日元难以通过资本账户流出，从而导致日元国际化难以持续。

（四）人民币国际化的好处

随着中国开放力度增加、国力日强，人民币已得到了周边许多国家的认可，如现在到越南等地出游，已经可以直接在当地使用人民币了。因此，人民币国际化的呼声也越来越高。

货币国际化是许多国家的追求，想想以后走出国门，不用费神劳心地去兑换一堆看不懂的外币，拿着熟悉的人民币就能消费，还不用担心汇率问题。所以，有专家一直都在呼吁让人民币尽快国际化。

虽然呼声很高，但中国政府的回应却很谨慎，在做好相关的评估工作之前，人民币国际化的步伐是不会加快的。那么，人民币国际化后到底有无好处呢？

货币国际化的好处是不言而喻的。我们可以拿美元来做一个说明。从 2002 年到 2007 年间，美国每年的经常项目逆差都超过 5000 亿美元，美国的净国际投资头寸却始终保持在 2 万亿美元左右。美国从 1988 年起就成为净债务国，但直到 2005 年，美国经常项目账户上的投资收益始终是正数。

这就很有趣了，美国每年都借外债，可以净国际投资头寸衡量的净外债却没有增加。为什么明明是债务国，净投资收入却是正值？说白了，就是美国向别国借钱，反倒收取净利息，天下还有这么好的事？其实，奥秘在于，美国的对外债权以外币计价，对外债务则以美元计价。如果美元贬值，以外币标价的美国资产的收益，在折成美元汇回美国时将会增加。投资于美国的以美元标价的外国资产的收益却不变。这样，随着美元兑人民币或者其他国家的货币的贬值，中国和其他国家对美国的净资产，也就是净债务就会缩水，中国或其他国家对美国的净投资收入就会减少。

因此，美国海外资产与负债的币种结构，最大限度地保护了美国的利益。可以说，美国作为世界上最大的欠债大户，日子却过得比债主还好，这就是得益于美元国际化。

人民币国际化，对我们的益处首先在于能提升中国的国际地位，增强中国对世界经济的影响力。美元、欧元、日元等货币之所以能够充当国际货币，是美国、欧盟、日本经济实力强大和国际信用地位较高的充分体现，而不是他们的一厢情愿。要知道，这些国家的货币国际化之路也走了几十年，而这几十年正是这些国家国力走向强盛的几十年。人民币实现国际化后，中国就拥有了一种世界货币的发行和调节权，对全球经济活动的影响和发言权也将随之增加。同时，人民币在国际货币体系中占有一席之地，可以改变目前处于被支配的地位，减少国际货币体制对中国的不利影响。

其次，人民币走向国际化，可以减少汇率风险，促进中国国际贸易和投资的发展。对外贸易的快速发展使外贸企业持有大量外币债权和债务。由于货币敞口风险较大，汇价波动会对企业经营产生一定影响。人民币国际化后，对外贸易和投资可以使用本国货币计价和结算，企业所面临的汇率风险也将随之减小，这可以进一步促进中国对外贸易和投资的发展。同时，也会促进以人民币计价的债券等金融市场的发展。

再次，人民币国际化，可以进一步促进中国边境贸易的发展。边境贸易和旅游等实体经济发生的人民币现金的跨境流动，在一定程度上缓解了双边交往中结算手段的不足，推动和扩大了双边经贸往来，加快了边境少数民族地区的经济发展。另外，不少周边国家是自然资源丰富、市场供应短缺的国家，与中国情况形成鲜明对照。人民币流出境外，对于缓解中国自然资源短缺、市场供应过剩有利。

最后，人民币国际化，可以让中国获得国际铸币税收入。实现人民币国际化后最直接、最大的收益就是获得国际铸币税收入。铸币税是指发行国凭借发行货币的特权所获得的纸币发行面额与纸币发行成本之间的差额。在本国发行纸币，取之于本国、用之于本国，而发行世界货币则相当于从别国征收铸币税，这种收益基本是无成本的。

目前，中国拥有数额较大的外汇储备，实际上相当于对外国政府的巨额无偿贷款，同时还要承担通货膨胀税。人民币国际化后，中国不仅可以减少因使用外汇而引起的财富流失，还可以获得国际铸币税收入，为中国利用资金开辟一条新的渠道。

（五）人民币国际化的隐忧

任何事有利就有弊，人民币国际化也不例外，不是说人民币国际化了，我们就可以高枕无忧，拿着人民币去国外花了。人民币国际化以后，需要应对的挑战依然没有减少，如果有一环没有考虑到，金融灾难依然会降临到我们头上，给我们的经济和财富造成巨大的损害。

在推行人民币国际化时，中国是否应该仔细考虑，在当前形势下，中国的海外资产与负债的币种结构将会发生什么变化？面对美元贬值的长期趋势，为避免中国净国际投资头寸和投资收入缩水，应该做的是，减少以美元计价的资产，或将美元资产置换为人民币资产；减少以人民币计价的负债，或将人民币负债置换为美元负债。双顺差和美元外汇储备不断增加，已造成中国的福利损失，应避免因人民币国际化造成进一步损失。例如，中国出口时以人民币结算，必然导致中国美元资产（美元外汇储备）增加，中国对非居民发售人民币债券，则可能导致中国人民币债务的增加。这些都将导致中国净国际投资头寸和净投资收入状况恶化。

如果境外居民长期持有人民币现金或活期存款，也就是出现一般人所说的人民币“不回流”的情况，则可以说中国政府享受到了铸币税的好处。但是，在保持经常项目顺差的情况下，此处征收的铸币税将被在美国缴纳的铸币税所抵消。只有当存在经常项目逆差，且可用本币弥补此逆差时，一国才可能真正享受铸币税带来的好处。而美国正是一直通过这种方式来征收铸币税的。

由于财政状况持续恶化，美国政府通过印钞票和制造通货膨胀来减轻债务负担的可能性越来越高。在汇率、利率和风险三大因素作用下，国际金融市场上减少美元资产和人民币负债、增加美元债务和人民币货币资产的需求将会越来越旺盛。如果中国愿意满足这种需求，人民币国际化将会取得进展。但这对中国到底有没有好处？这种好处，是否可以抵消中国必须付出的代价？

更为重要的是，人民币国际化的实质，是开放中国的资本账户。尽管现在这种状况已经漏洞百出，但在人民币汇率不能根据外汇市场供求关系迅速调整的情况下，资本管制仍是保证中国金融稳定的最后防线。在全球金融极度不稳的时刻，加速资本项目下人民币可兑换的进程，到底能给中国带来什么好处？这些都是为政者必须谋定而后动的问题。

目前，人民币国际化处于起步阶段，与中国的经济规模、国际收支和外汇储备相比，其所涉及的人民币总量依然很小。我们的担心或许是多余了，但无论如何，对人民币国际化进行深入、理性的讨论十分必要。中国一步步陷入美元陷阱难以自拔的教训，不应淡忘。

所以，我们在推进人民币国际化之时，依然要对其带来的负面影响进行考虑。从目前形势来看，人民币国际化的隐忧有以下几方面：

第一，人民币国际化会对中国经济、金融稳定产生一定影响。人民币国际化会使中国国内经济与世界经济紧密联系在一起，那么，今后只要国际金融市场一有风吹草动，就会对中国经济、金融产生一定影响。特别是货币国际化后，如果本币的实际汇率与名义汇率出现偏离，或是即期汇率、利率与预期汇率、利率出现偏离，那么，国际投资者都会闻风而动，前来获取套利的机会，刺激短期投机性资本的流动，并可能出现像1997年亚洲金融危机时产生的“群羊效应”，对中国经济、金融稳定产生一定影响。

第二，人民币国际化会增加宏观调控的难度。人民币国际化后，国际金融市场上将流通一定量的人民币，其在国际上的流动可能会削弱中国人民银行对国内人民币的控制能力，影响国内宏观调控政策实施的效果。比如，当国内为控制通货膨胀而采取紧缩的货币政策而提高利率时，国际上流通的人民币则会择机而入，增加人民币的供应量，从而削弱货币政策的实施效应。

第三，人民币国际化后会加大人民币现金管理和监测的难度。人民币国际化后，由于对境外人民币现金需求和流通的监测难度较大，将会加大中国人民银行对人民币现金管理的难度。同时，人民币现金的跨境流动可能会加大一些非法活动如走私、赌博、贩毒的出现。伴随这些非法活动出现的不正常的人民币现金跨境流动，一方面会影响中国金融市场的稳定，另一方面也会增加反假币、反洗钱工作的困难。

尽管一国货币国际化会给该国带来种种消极影响，但以长远看，国际化带来的利益整体上远远大于成本。美元、欧元等货币的国际化现实说明，拥有了国际货币发行权，就意味着可获得制定或修改国际事务处理规则方面的巨大的经济利益和政治利益。所以，不管我们拥有怎样的困难，我们都不应该放慢人民币走向国际的脚步。

（六）人民币国际化策略

一个国家宣布本国货币国际化不是什么难事，一般只要宣布本国货币可以自由兑换，那么，本国货币就能成为国际货币。条件虽然简单，但全世界那么多的国家，真正成为国际货币的钱币，就只有那么几种。这也说明，光靠一纸声明，是无法真正让本币成为国际货币的。要想让人民币国际化，需要解决的问题还有许多。

当前，人民币国际化的现状是：第一，伴随旅游业而兴起的人民币国际化。在新加坡、马来西亚、泰国、韩国等国家，人民币的流通使用主要是伴随旅游业的兴起而得到发展的。由于很多中国旅游者到周边国家观光旅游，从而使得中国周边国家可以用人民币购买物品的商店数量急剧增多，可以用人民币兑换其他货币的专业兑换店和银行也逐步出现。

中国银联宣布，从2005年1月10日起正式开通银联卡在泰国、韩国等一些周边国家的受理业务，持卡人可在周边国家使用银联卡进行消费，同时可以在这些国家的取款机上取出规定数量的他国货币。这表明人民币的国际地位进一步提高，人民币国际化进程正在逐步推进。

第二，伴随边境贸易而兴起的人民币国际化。在我国和越南、俄罗斯、朝鲜等边境交界地区，人民币在边境贸易、边民互市贸易和旅游业的推动下逐步实现了区域流通使用，并且能够同这些国家的货币进行规定范围内的自由兑换。在某种程度上说，人民币已经具有一定的区域性货币功能。人民币在朝鲜的边境城市充分发挥了区域性货币功能，在我国周边国家大多与旅游有关的部门或者行业均受理人民币，并且每日公布人民币与周边国家货币的汇率。伴随我国与比邻国家经贸往来的进一步深化以及旅游消费的不断扩大，人民币的区域性货币功能越来越突出，人民币区域化的程度也必将深入发展。巩固和发展区域性货币的功能有助于推进人民币国际化进程。

第三，伴随中国香港与大陆的共同发展而兴起的人民币国际化。因为大陆和香港地区有着不可分割的联系，每年探亲与旅游人数急剧攀升，使得人民币的使用和兑换也越发普遍。因为港币与美元几乎可以自由兑换，使得人民币也可以随时间接兑换成美元。据外汇管理局研究表明，每年人民币跨境的流量将近有 1000 亿元，在国际社会上的人民币存量将近 200 亿元。据统计资料显示，人民币供给量将近 20000 亿元，境外人民币大约是人民币总量的 1%。由此可见，人民币已经在一定程度上被我国周边国家和地区所接受，人民币国际化处于逐步发展的阶段。

可以说，以上几种现状，让人民币国际化已经成为可能。应该说，如果中国政府真的宣布人民币可以自由兑换，在国际上，持反对意见的国家是不存在的，相反，有许多因素都希望人民币马上国际化。但我们终究没有马上走出这一步，因为，在人民币国际化的过程中，还存在着许多障碍。

第一，我国外汇市场的发展水平很低。从人民币外汇市场建设方面看，2005 年的“7·21”汇率改革后，中国外汇市场取得了很大进展，但其规模和水平依然十分有限。从外汇市场交易品种分布来看，美元、欧元和英镑等强势货币均以掉期交易为主，即期交易所占份额仅为三成。而人民币在外汇交易中则主要以即期交易为主，掉期交易仅占 7%。这体现出中国外汇交易市场仍十分不成熟，交易品种单一，虽然在短期内有助于减少外汇市场炒作所带来的汇率风险，但从长远来看则不利于人民币国际影响力的提高。

从中国外汇市场的交易规模分析，根据 BIS 的统计，2007 年中国大陆的日均交易量占国际外汇市场比重在传统外汇市场上为 0.2%，在衍生品市场的占比为 0；中国香港特别行政区的占比分别为 4.4% 和 0.9%；中国台湾地区的占比分别为 0.4% 和 0.1%。在所有的交易货币中，人民币占比仅为 0.5%，港元占比为 2.8%，台币占比为 0.4%。在银行间外汇市场，2007 年的总交易额超过了 20000 亿美元，同比提高了近 90%。外币掉期的 2007 年交易总量达到 3000 亿美元。远期交易量在 2007 年的总量则仅为 200 亿美元。相对于国际外汇市场日均 32000 亿美元的交易量来讲，中国外汇市场的交易规模极为有限。

第二，货币可兑换性与资本管制。改革开放30年以来的人民币的可兑换进程，是一个渐进的、透明的并且稳步采取相关配套政策措施的缓慢过程。20世纪80年代，中国正式实行改革开放后，就逐步加大了人民币可兑换的推进步伐，但基本上属于在探索中前进的过程。

对于实现资本账户下的人民币可兑换，中国也一直没有停止努力。1996年后，中国政府在完善金融体系和监管制度建设的同时，一直采取比较宽松的态度引进资金，只是对资金流出限制较多。2002年后，开始缓慢放开资金流动限制。这十几年来，人民币资本项目下兑换有了很大进展。在现阶段，中国资本项目的一半左右仍然受到管制，一半左右的跨境资本交易对居民和非居民开放。

第三，金融体制改革与国内金融市场的发展。众所周知，美元之所以成为国际货币体系中的主导货币，其重要原因之一，就是美国拥有比欧洲与日本更为发达的具有广度和深度的金融市场。目前，中国的金融市场尚无自由的利率形成机制，因而中国不存在类似于美国联邦金率、英国官方贴现率和日本隔夜拆借率的基准利率，仅开放了几个关键的并非由市场决定的短期银行间利率。

中国人民银行的利率政策对整体利率结构只有有限的影响力。金融体制改革的落后显然不利于人民币国际化程度的提高。例如，伴随着人民币境外流通的扩大，不仅需要建立通常的输出与回流渠道，而且也需要创造条件允许外国投资者购买人民币证券。按照货币国际化的经验，高度发达的本国国债市场是货币国际化的坚实基础。本国国债发行实现市场化，能够确定无风险的国债收益率，为其他债券的发行奠定定价基础，在此基础上如果汇率逐步实现浮动、资本管制有序放开，才能促使有广度和深度的外汇交易市场的形成，使投资者能够对冲或匹配不同的信用风险、汇率风险和利率风险，这样才能促进本币作为计价货币、媒介货币和储备货币功能的充分发挥。在这方面，中国显然还有很长的一段路要走。

事实上，现阶段中国在金融发展的稳定性与人民币国际化之间存在比较明显的矛盾。发达国家的经验表明，资本项目的开放应当按照经济发展的水平与宏观经济及微观经济的成熟程度稳步进行。从发达国家的经验来看，发达国家（地区）如欧洲、日本分别在1961年和1964年实现了经常项目货币可兑换，但直至1980年左右，英国、法国和日本才基本完全放弃外汇管制。新兴市场国家如韩国和泰国则分别在1986年和1990年实行经常项目可兑换，到1996年和1993年、1994年实现经常项目可兑换。如印度这样的经济转轨绩效较好的经济体，从1991年开始转轨到2002年才实现卢比资本项目可兑换。但在目前的中国，特殊的经济社会结构等制度性因素使得“稳定”的意义格外重要。一旦在今后相当长时期内过于强调经济、金融发展的稳定性，将在很大程度上影响人民币的自由兑换和资本项目自由化的进程。而这一进程是人民币国际化的必要条件。

正是因为存在着种种障碍，所以，人民币国际化才迟迟没有实现。但随着社会经济的发展，人民币国际化的潮流是无法阻挡的。要让人民币真正实现国际化，又要让负面的影响降到最低，就必须采取以下的策略：

第一，通过支持对外直接投资、扩大境外人民币贷款和配套援外规划等措施加大资本输出。从美日经验看，“马歇尔计划”通过人为制造出资本项目下逆差，大大加速了美元国际化进程；“黑字还流计划”同样通过持续加大对外直接投资，向世界各国提供日元流动性。

与之相比，当前人民币跨境流动格局与美日货币国际化初期完全相反，即以进口支付方式从经常项目流出，以非居民人民币存款及投资等形式从资本项目回流。这种模式尽管在一定程度上起到了降低国际收支不平衡、向境外输出人民币流动性的作用，但其通过进口输出本币的路径隐含着对持续扩大进口的要求，可能会使经常项目出现逆差，造成国际贸易不平衡。

为规避汇率风险，目前国内企业大多选择以外币进行对外投资。当前人民币对外直接投资规模偏小，2012 年为 304.4 亿元，仅为我国对外直接投资的 12%，通过对外直接投资输出人民币的规模明显不足。今后一个时期，可考虑通过适当贴息等优惠政策吸引企业以跨国并购、设立境外产业园区等形式，在转移产能、扩大市场、抢占渠道和获取高新技术等领域，开展人民币对外直接投资，逐步改变当前对外投资中以外币为主的情况。大幅提升对外直接投资形成的人民币资本输出，不仅能有效向境外提供人民币流动性，也有助于缓解我国“双顺差”导致的升值压力。

第二，将境外人民币贷款作为推动产业全球布局、加速人民币国际化的有效载体。日本在对外日元贷款操作中，大部分都用于帮助对象国建立与日本经济相衔接的产业，这些产业的大部分机器设备是用日元贷款购买的日本产品，且其生产出来的产品也正是日本厂商所需要的原材料。

目前，我国同样面临推动产业进行全球布局，并向国际产业链高端攀升的内在要求，需要结合这一趋势，抓住当前人民币升值预期减弱、汇率趋于均衡、人民币融资接受程度提高的有利时机，在进一步加大对企业在能源、资源、产能转移等境外项目支持的同时，利用我国对两个市场、两种资源的巨大需求，推动境外人民币融资。

此外，目前融资成本高成为制约境外人民币贷款业务发展的瓶颈，所以需要做好前瞻性研究和相关优惠制度的顶层设计，在进一步巩固各国银行拆借利率作为融资利率计价基础的同时，大力推动符合条件的境外项目进行人民币融资。

需要强调的是，尽管当前人民币汇率已趋于均衡，但基于中国经济的稳健增长，国际市场对人民币的需求仍将持续上升，人民币升值压力长期存在，借款人使用境外人民币贷款将需要承担汇率损失，这无疑大大降低了对境外人民币贷款的接受意愿。对此，需要决策层对人民币国际化进行统筹考虑，在特定阶段采取一定形式的优惠措施，激发市场主体积极性，促进通过人民币借贷向境外输出资本。

第三，促进离岸市场持续、快速、多层次发展，逐步树立并巩固人民币国际化地位。一是建设活跃的离岸人民币债券市场。从近期看，可加大境外人民币债券发行力度。一方面，利用境内、境外两个市场的较大利差，引导离岸人民币有序回流，降低国内机构、企业的资金成本；另一方面，发行不同期限的人民币债券，推动建立离岸人民币债券收益率曲线，为相关金融产品及衍生工具提供透明的定价基准。从远期看，首先要构建债券跨境发行平台，推动境外人民币债券市场形成规模，为离岸人民币提供更加丰富的投资工具，避免跨境人民币投机套汇、无序流动。二是稳步提升金融交易中以人民币计价的大宗商品、证券等资产的比重。我国庞大的储备资产不是负担，而是软实力的象征，为人民币的支付能力提供了背书。可充分利用巨额外汇储备的影响力，逐步推动以人民币计价的大宗商品市场的形成，从我国进口比重较大的铁矿石等大宗商品做起，争取国际市场定价权，有效降低国际贸易成本和风险。三是国内金融机构应争取人民币产品交易做市商地位，为市场提供更多的金融交易产品和投资渠道。国内机构应利用人民币客户和资金优势，大力发展 NDF（无本金交割远期外汇）、期货、期权等对冲风险的衍生品业务，争取做市商地位，掌握市场的主动权和话语权，在帮助实现人民币境外自我循环的同时，进一步提升我国国际金融影响力。此外，国内金融机构还要加大境外分支机构的人民币贷款力度，为提升离岸市场派生人民币功能、发挥货币乘数效应、增强离岸市场流动性创造条件。

第四，积极开展与世界银行等国际机构合作，通过多边性安排提升人民币使用效力和各国对人民币的接受意愿。从“黑字还流计划”的实施来看，日本向境外输出的日元，绝大部分是通过向世界银行、国际货币基金组织等机构提供日元资金的方式实现的。这一途径不仅大大提升了接受方的使用意愿，也有效促进了日元在境外的沉淀。目前，我国也可以参考这种方式，大力开展与世界银行、国际货币基金组织、亚洲开发银行，以及我国入股的非洲开发银行、筹备中的金砖国家开发银行等多边机构的合作，采取成立人民币特别基金、积极参与其人民币银团贷款，并为其对发展中国家的援助贷款和非约束性贷款提供人民币资金等多种方式，通过政策性贷款和商业贷款相结合的方式输出人民币。

这些国际机构的多边性保障将更有利于投资项目的顺利落地和发展，并能降低项目所在国的阻力及国际舆论压力。同时，积极推动设立专营海外贷款和投资的人民币国际经济合作机构，赋予开发银行等国内金融机构类似于“黑字还流计划”实施过程中日本海外协力基金等机构的职能，加快人民币“走出去”的步伐。

第五，把对外援助与人民币国际化进程更紧密地联系起来，将其作为重要手段之一进行系统安排。美国、日本在实施“马歇尔计划”和“黑字还流计划”过程中，对外援助都发挥了重要作用。我国可以与我国经济关系紧密的东盟和非洲、拉美等发展中国家为主要对象，通过对外援助，一方面促进受援助国使用人民币援助资金购买我国产品，这样既可引导更多国家和地区在贸易中使用人民币结算，扩大人民币的国际使用范围，又可帮助我国产品流向受援助国，有序转移优势产能；另一方面，通过适度加大医疗、农业、教育等方面的援助，加强官方和民间交流，改善和提升我国的国际形象，促进对外互利合作，提高人民币在当地的认同度，并为扩大人民币对外投资奠定基础。此外，基于商务部援外规划，可考虑将援助纳入人民币国际化整体框架进行系统规划和安排，统筹考虑对外直接投资及贷款资金与援外规划的配套。

只有做好了这些工作，人民币走向国际的障碍才会逐步消除，让人民币真正成为有实力的国际货币。

（七）家庭投资理财策略

在经济开放时代，很多中国人想的就是如何让钱生钱。毕竟，物质生活丰富了，不一定需要一次买很多东西在家里放着，能一直放的东西就是钱了。但家里没有聚宝盆，不可能让钱越放越多。相反，随着通货膨胀率不断走高，放在家里的钱会越来越不值钱。这对于普通工薪阶层的人来说，和用刀子割肉没什么差别。因此，在人民币汇率变动时代，如何理财、家庭投资配置该做哪些相应的调整，以及如何实现资产的保值增值，就成为许多家庭的重要任务。

第一，普通家庭不宜盲目跟风换汇。当人民币出现贬值时，家庭资产就会缩水，造成损失。因此，在这个时期，就要考虑是否该将一部分人民币换成外币。

金融专业人士分析认为，未来人民币并不会因为美国等国的施压而大幅升值，相反，随着经济的走弱，为了刺激出口，政府会很乐见人民币贬值。因此，人民币在未来的一个时期，已进入稳定乃至贬值的时期，标志着人民币升值时代的结束，但是人民币并不会出现持续性贬值。也就是说，普通家庭不要因为人民币贬值趋势确立，就急着将手中的人民币换成美元。

在是否换汇问题上，并不仅仅要考虑汇率问题，更重要的是换汇的目的。例如，从长期来看，人民币兑美元汇率存有下降预期，对于有大量美元使用需求的人来说，可尽早换汇，降低日后兑换美元的成本。但对日元、欧元、加元等其他货币并不一定会出现贬值，如果近期没有打算出国旅游的人，不宜盲目跟风换汇，应根据具体需求而定。

毕竟普通市民首先要考虑流动性因素，持有本币能保障流动性和避免频繁货币转换带来的汇兑损失；其次，还要考虑资产收益率因素。目前，国内美元理财产品的平均预期收益率在2%左右，并不比人民币理财产品更具吸引力。所以，投资者可以保持现有的资产配置和投资策略，也可更多偏向固定收益类的产品。

投资者可以关注眼下热门的互联网金融理财产品，但是需要识别好安全及有第三方存管的理财平台，必要时可请专业的理财师提供建议。

第二，高净值投资要侧重外汇资产配置。自2005年启动汇率改革以来，人民币对美元步入长期升值趋势。在这种情况下，人们也习惯了持有人民币，用人民币进行投资理财。而近期出现的人民币贬值现象，也让投资者更多地关心起了外汇理财市场的动态。

对于追求高净值的人群而言，人民币贬值，资产投资回报率降低，他们会选择将更多的资产配置到海外市场，而将手里的人民币资产换成美元或者欧元资产。那么，对于资产较多（200万元以上）的投资者，则可适当调整资产配置。

业内人士分析认为，美元进入升值通道，经济复苏可期，整体来看，美元是比较保险的货币投资选择。同时，可以考虑购入一些美元的理财产品，如美国股市、投资美国房地产等，长期来看，或可抵御人民币直接贬值的风险。

此外，此类投资者还可以增加权益类投资，如购买A股中有高成长潜质的股票及基金组合或美元标价的沪市B股。从长远看，一部分股票能抵御一步到位下跌的风险，人民币贬值对A股的影响可能存在一定的行业和周期性。

受人民币贬值的影响，近期实物黄金交易量有所上升，除了金价低之外，高净值人群开始考虑购买黄金规避现金贬值的风险。不过业内人士建议，由于黄金增值空间不大，流动性也不好，且金价行情不明朗，宜少量配置。

第三，境外消费是选择全币种信用卡更划算。对于要去美国留学或出差、旅游以及热衷海淘的人来说，人民币贬值后，能换到的美元比从前要少。所以，理财师建议，短期内有去美国需求的人，应密切关注汇率变动，寻找相对低位入手，也可以分批分段换汇来分摊风险。

对于信用卡的选择，理财专家建议，最好使用全币种信用卡。因为使用全币种信用卡在国外刷卡消费，结算时发卡组织会将持卡人消费的当地货币转换成美元，再换成人民币直接计入人民币账户，汇率使用的是持卡人消费当天人民币兑美元的汇率，回国后只要还人民币就可以了，持卡人不用担心消费以后人民币再次贬值对还款金额的影响。所以，使用全币种信用卡消费起来会更加划算，可以更好地避免多重兑换带来的汇率损失。

如今，理财观念深入人心，那么，在人民币贬值的形势下，如何保护自己的财产不受损失呢？当前，一些金融机构为了迎合市民的理财需要，开始主动向客户推荐美元资产的产品。例如，以财务方式参与新兴企业股权的私募股权产品、债券类的固定派息的产品以及海外的房产投资。

但是，和中国的房地产异常火爆不同，海外的房地产生意不是那么好做的。海外投资产品中，美元投资类产品门槛较高，一般在15万美元以上，且投资期限较长。除去汇率波动因素，这些产品的预期收益率普遍较国内理财产品低。还有一个因素是，外汇投资类产品投资周期相对较长。例如，股权产品的投资期一般是3~4年，加上退出期可达4~5年。虽然在投资期之内不排除有项目退出、资金回流的可能性，但一般还是建议客户要用闲钱来做这方面的配置。在选好投资顾问和领域的前提下，流动性属于外汇投资类产品中最大的风险。

因此，从历史投资情况而言，普通市民想要通过投资外汇理财产品获得外汇升值超额收益的难度较大。这不仅需要较多的金额，而且还要面对外汇市场较大的波动性，以及投资到期后货币兑换时存在的不确定性。一般情况下，有海外留学需求的家庭在汇率较低的情况下，可兑换一些海外货币；市民配置海外货币，更多的是对冲风险，用以降低外汇波动对整体金融资产带来的不确定性。

对于中国人来说，黄金永远有着非同寻常的诱惑力。而在人民币出现贬值的情况下，储藏黄金也是不错的理财方法。

虽然人民币日益引起投资市场上的关注，但从国家实力和经济规模上看，人民币毕竟不如美元、日元、欧元等国际货币。那么，在人民币贬值时，普通市民该持有哪种货币保值呢？

欧元和日元对美元还是处于弱势，因此在将来还会有持续贬值的趋势，而澳元也可能大幅下跌，所以，普通市民在选择外币配置上仍须谨慎。新兴经济体方面，资本外逃将是其面临的最大危机。整体来看，拥有美元仍是比较保险的货币选择。但从理财的品种来看，就算是美元产品，其收益率也并不比人民币理财产品更具吸引力。单纯持有美元货币是不错的选择，但不应只从收益率去看，而应更多地从大类资产配置的角度考虑。

外汇理财应注意几点风险：

第一，要注意产品信用风险——累计收益藏猫腻。这些风险普遍存在于银行推出的外汇理财产品中，但相当多的普通投资者却不见得完全明白。部分理财产品将 3 年甚至 5 年的收益叠加起来示人，往往可达到 15% 甚至 20% 的惊人程度，但其实产品管理人有可能提前终止合同，做高了年化收益率。也就是说，投资人实际得到的收益并不高。

第二，挂钩标的——防止货币被变换。外汇理财产品中有与利率指数挂钩的，也有与汇率指数挂钩的，还有与黄金挂钩的，摸清产品是否为结构化产品、存不存在杠杆，这一点特别重要。如果存在杠杆，当发生亏损时往往会非常严重，所以，偏好杠杆产品的投资者应注意降低仓位。另外，摸清外汇产品投资标的也相当重要。有些理财产品设计的到期归还货币并非当初投资的货币，此时投资者更要事前弄清楚各种货币的走势，否则就会面临强势外币投资期满后变成其他货币的风险，以致投资收益缩水。

第三，提前赎回——仔细盘算收益。虽然不少银行的理财产品让投资者有了提前终止的赎回权，但这种终止赎回也是存在风险的。例如，某银行在其外汇理财产品合约中规定，客户在产品到期前如需赎回，则需要扣除一定比例的本金。如果扣除本金的比例是3%，而该产品的预期收益也是3%，这就意味着投资者提前赎回会没有任何回报。

那么，在进行外汇理财时，要关注哪几类理财产品呢？

第一种是银行外币保本理财产品。目前，保本类外币理财产品平均收益普遍在2%以下，且不同银行发行的产品差异很大，即使存续期相同的同一币种的产品也可能有较大的收益差。一般来说，关注收益高的美元理财产品，相对比较保险。美元理财产品主要投资于境内美元固定收益和货币市场产品，或通过券商资产管理专户投资于银行间及交易所市场上市流通的固定收益类金融工具。

第二种是房地产信托投资基金。REITs(房地产信托投资基金)作为物业拥有者的一部分，其收益主要来自物业的升值以及租金分配收入，具有相对稳定性。在人民币贬值及美元资产的强劲复苏预期下，REITs对于稳健投资者极具吸引力。在过去5年中，美国REITs平均年度股息率达3.78%。2010年以来，全球REITs年化报酬率达到18.23%，而美国地区的房地产信托全价指数的年化报酬率达到21.43%。更重要的是，REITs会把应税收入的至少90%以股息形式派给股东，因此股息率相对优厚。

目前，投资于境外地产类的QDII主要包括诺安全球收益不动产、嘉实全球房地产、鹏华美国房地产、广发美国房地产指数等。上述地产QDII均可在相关基金公司官网购买。抗风险能力强的投资者可优选鹏华美国房地产、广发美国房地产指数；偏好稳定收益的投资者，可首选广发美国房地产指数，次选鹏华美国房地产。

第三种是交易所黄金 ETF。黄金兼具商品和投资属性，具有资产保值、抵御通胀、与证券市场相关性低等优势。目前，在交易所挂牌的华安易富黄金 ETF 以及上海黄金交易所的黄金现货合约等品种，力求获得我国黄金现货市场的收益率，为投资者提供了一类管理透明、成本较低、有效跟踪国内黄金现货价格的投资工具。

第四种是美元类油气资产。资源类美元产品的收益总是不错的，投资者可以按自己的判断进行适度配置。